#CHALLENGE TRICOT mon premier PULL

avec **MARION BLUSH**

OUBLIEZ LES ÉCHARPES À RALLONGE,
TRICOTEZ UN PULL !

MADE IN **MARABOUT**
100 % CRÉATEUR

SOMMAIRE

LE PULL *marin*

L'ÉCHANTILLON *en 8 étapes*

#CHALLENGE PULL *en 10 étapes*

EN MODE *challenge*

Bonjour tout le monde,

Je vous souhaite la bienvenue dans **#challenge tricot** ! Ce livre rassemble toutes les clés pour relever votre premier défi tricot : **réaliser un pull tricoté à plat !**

Pas de panique ! Je vais vous accompagner pour vous apprendre les bases du tricot, pas à pas et surtout **à votre rythme**.

Je vous propose ici un patron de marinière super mignonne. Ce pull un peu ample tricoté dans un fil naturel et éthique deviendra vite un basique de votre garde-robe. Nous avons découpé le patron et l'avons « traduit » section par section.
À chaque étape, vous retrouverez des explications en texte et en image.
Et si ce n'est toujours pas clair ? Scannez les QR CODES pour accéder à **des vidéos détaillées de chaque étape**. Regardez-les autant de fois que nécessaire : **elles sont disponibles sans limite** ! Et si vous avez encore des questions ? Allô, docteur Tricot ? Appelez la hotline de Bergère de France (voir tous les détails pratiques page 96).

Le gros avantage de ce livre, c'est qu'il est très didactique et que chaque nouvelle technique apprise vous fera avancer sur **un vrai projet** ! Et surtout, une fois que vous aurez relevé le défi, vous pourrez très facilement recommencer et **personnaliser ce patron simple en changeant les couleurs, le nombre de rayures, la longueur du corps ou celle des manches**.

J'espère que cet ouvrage sera votre porte d'entrée dans le monde du tricot que j'aime tant et que cette marinière sera **le premier pull d'une belle série de vêtements tricotés main**.

Bon tricot à tous,

Marion

LE PULL *marin*

LAINE
Barisienne,
Bergère de France

	Taille				
Coloris	S	M	L	XL	XXL
Géranium	5	5	5	6	6
Mélisse	4	5	5	5	6

Déterminez votre taille et filez vous procurer le nombre de pelotes nécessaire. Par exemple, pour une taille L, il vous faudra 5 pelotes en coloris Géranium et 5 pelotes en coloris Mélisse.

AIGUILLES
n°3,5 et n°4

ACCESSOIRES
Anneaux marqueurs

POINTS EMPLOYÉS
Côtes 2/2

Jersey endroit

ÉCHANTILLON
Pour réussir votre modèle, il est important de tricoter un échantillon. Avec le fil choisi et les aiguilles n°4, montez 19 mailles et tricotez en jersey endroit pendant 28 rangs pour un carré de 10 cm x 10 cm.

Prendre *ses mesures*

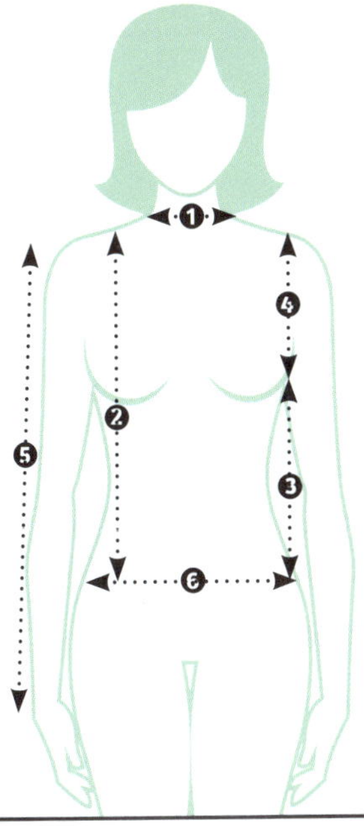

PRENEZ VOS MESURES ET DÉTERMINEZ LA TAILLE QUI VOUS CONVIENT. SI VOUS ÊTES ENTRE DEUX TAILLES, PRIVILÉGIEZ, LA TAILLE DU DESSUS.

Sur un patron, les indications pour chaque taille se suivent toujours dans l'ordre croissant. Si vous souhaitez réaliser votre pull en taille L, seul le 3e chiffre vous concerne. Avant de vous lancer, vous pouvez tous les entourer ou les surligner pour éviter les erreurs.

	S	M	L	XL	XXL
❶ Largeur d'encolure	19	20	21	22	23
❷ Hauteur totale	62	64	66	68	70
❸ Hauteur sous les emmanchures	35	36	36	37	38
❹ Hauteur des emmanchures	20	21	23	24	25
❺ Longueur des manches	47	47	47	47	47
❻ Largeur du corps	54	58	62	67	72

LE PATRON

DOS

Montez **102-110-122-130-138** mailles dans le coloris Géranium sur les aiguilles n° 3,5. Tricotez 5 cm (16 rangs) en côtes 2/2.

Au dernier rang pour **S** et **M** augmentez d'1 maille de chaque côté, **L** et **XL** diminuez d'1 maille, **XXL** augmentez d'1 maille. Vous obtenez **104-112-121-129-139** mailles. Continuez avec les aiguilles n°4 et tricotez en jersey en changeant de couleur tous les 4 rangs pour former les rayures.

À **40-41-41-42-43** cm (**114-118-118-120-122** rangs) de hauteur totale, glissez un anneau marqueur dans la première et la dernière maille pour marquer le début des emmanchures (voir croquis) et continuez en jersey rayé.

À **60-62-64-66-68** cm (**170-176-182-186-192** rangs) de hauteur totale, pour les épaules rabattez de chaque côté tous les 2 rangs :

- **S** : 1 × 8 mailles, 3 × 9 mailles,
- **M** : 2 × 9 mailles, 2 × 10 mailles,
- **L** : 2 × 10 mailles, 2 × 11 mailles,
- **XL** : 3 × 11 mailles, 1 × 12 mailles,
- **XXL** : 3 × 12 mailles, 1 × 13 mailles,

En même temps que la 1re diminution d'épaule, pour l'encolure rabattez les **24-26-27-29-31** mailles centrales, puis continuez chaque côté séparément en rabattant côté encolure tous les 2 rangs 1 × 3 mailles, 1 × 2 mailles.

DEVANT

Tricotez comme pour le dos jusqu'aux emmanchures. Marquez comme au dos, puis continuez le jersey endroit rayé.

À **52-54-56-58-60** cm (**148-154-160-164-170** rangs) de hauteur totale, rabattez les **12-14-15-17-19** mailles centrales, puis continuez chaque côté séparément en rabattant côté encolure tous les 2 rangs 1 × 3 mailles, 1 × 2 mailles, 6 × 1 maille.

En même temps, rabattez les épaules comme au dos.

MANCHES

Montez **46-46-50-50-54** mailles dans le coloris Géranium avec les aiguilles n° 3,5. Tricotez 5 cm (16 rangs) en côtes 2/2, mais au dernier rang pour **S et M** augmentez d'1 maille de chaque côté, **L** et **XXL** diminuez d'1 maille, **XL** augmentez d'1 maille (= **44-48-49-51-54** mailles).

Continuez avec les aiguilles n°4 et tricotez en jersey en changeant de couleur tous les 4 rangs pour former les rayures et en augmentant de chaque côté à 2 mailles du bord :

S : 6 × 1 maille tous les 8 rangs,
10 × 1 maille tous les 6 rangs.

M : 3 × 1 maille tous les 8 rangs,
14 x 1 maille tous les 6 rangs.

L : 14 × 1 maille tous les 6 rangs,
6 × 1 maille tous les 4 rangs.

XL : 12 × 1 maille tous les 6 rangs,
9 x 1 maille tous les 4 rangs.

XXL : 10 × 1 maille tous les 6 rangs,
12 x 1 maille tous les 4 rangs.

Puis, continuez sur les **78-82-89-93-97** mailles obtenues.

À 47 cm (132 rangs) de hauteur totale, rabattez les mailles.

COL

Assemblez les épaules puis relevez **110-114-118-122-126** mailles tout autour de l'encolure avec les aiguilles n° 3,5. Tricotez 7 rangsen côtes 2/2 et rabattez souplement les mailles.

FINITIONS

Cousez le haut des manches aux emmanchures du corps entre les anneaux marqueurs. Fermez les manches et les côtés du pull par une couture.

PROMIS, CE N'EST PAS DU CHINOIS !

Allons-y étape par étape et relevons le défi...

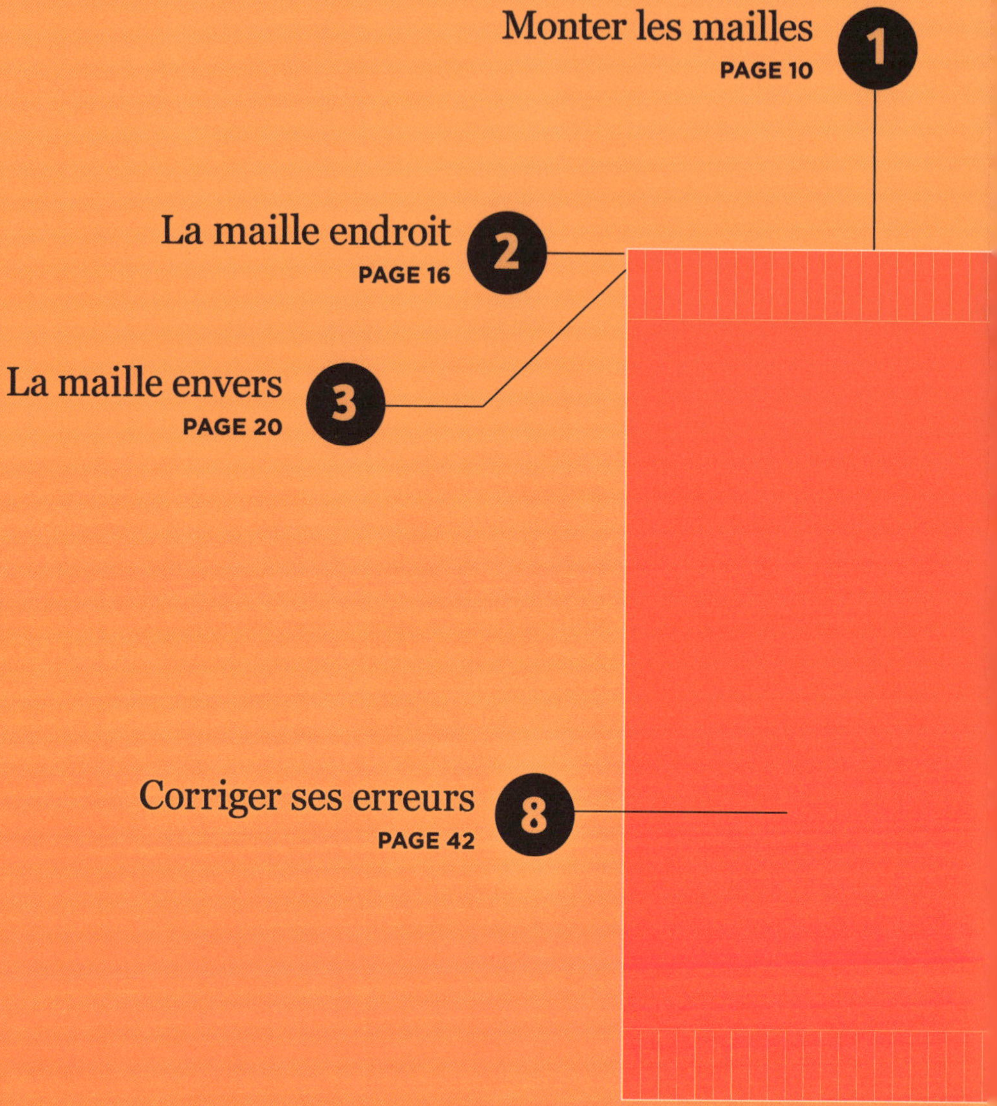
Monter les mailles
PAGE 10
1
La maille endroit
PAGE 16
2
La maille envers
PAGE 20
3
Corriger ses erreurs
PAGE 42
8

L'ÉCHANTILLON
en 8 étapes

1

MONTER *les mailles*

Monter les mailles, c'est la toute première étape de n'importe quel tricot puisqu'il s'agit de mettre en **place le fil** que vous allez ensuite tricoter sur votre aiguille. C'est un peu le **rang 0** indispensable à n'importe quel projet. C'est souvent un passage impressionnant pour les débutants. Honnêtement, la toute première fois, c'est vrai que ça peut paraître compliqué, mais c'est un **coup à prendre** et après, si vous pratiquez régulièrement, **vous n'y penserez même plus**. En plus, si vous voulez vraiment tricoter, vous n'avez pas le choix, alors autant s'y mettre le cœur vaillant.

Quel que soit le projet, vous devrez commencer par réaliser un échantillon. Cela vous permettra de vérifier que vous tricotez bien aux dimensions prévues dans le patron. C'est aussi une bonne étape pour vous entraîner à réaliser les différents points et obtenir par la suite un ouvrage plus régulier. Pour notre marinière, le patron prévoit l'échantillon suivant :

Montez 19 mailles avec le coloris de votre choix sur les aiguilles n°4.

Pour plus de sécurité, vous pouvez monter quelques mailles de plus pour faciliter l'étape de la mesure de l'échantillon. Nous en avons monté 26, puis mesuré la largeur de 19 mailles tricotées en jersey.

Si vous préférez voir les explications de l'échantillon, ce que je vous conseille, scannez ce QR CODE pour accéder à une vidéo qui vous explique tout.

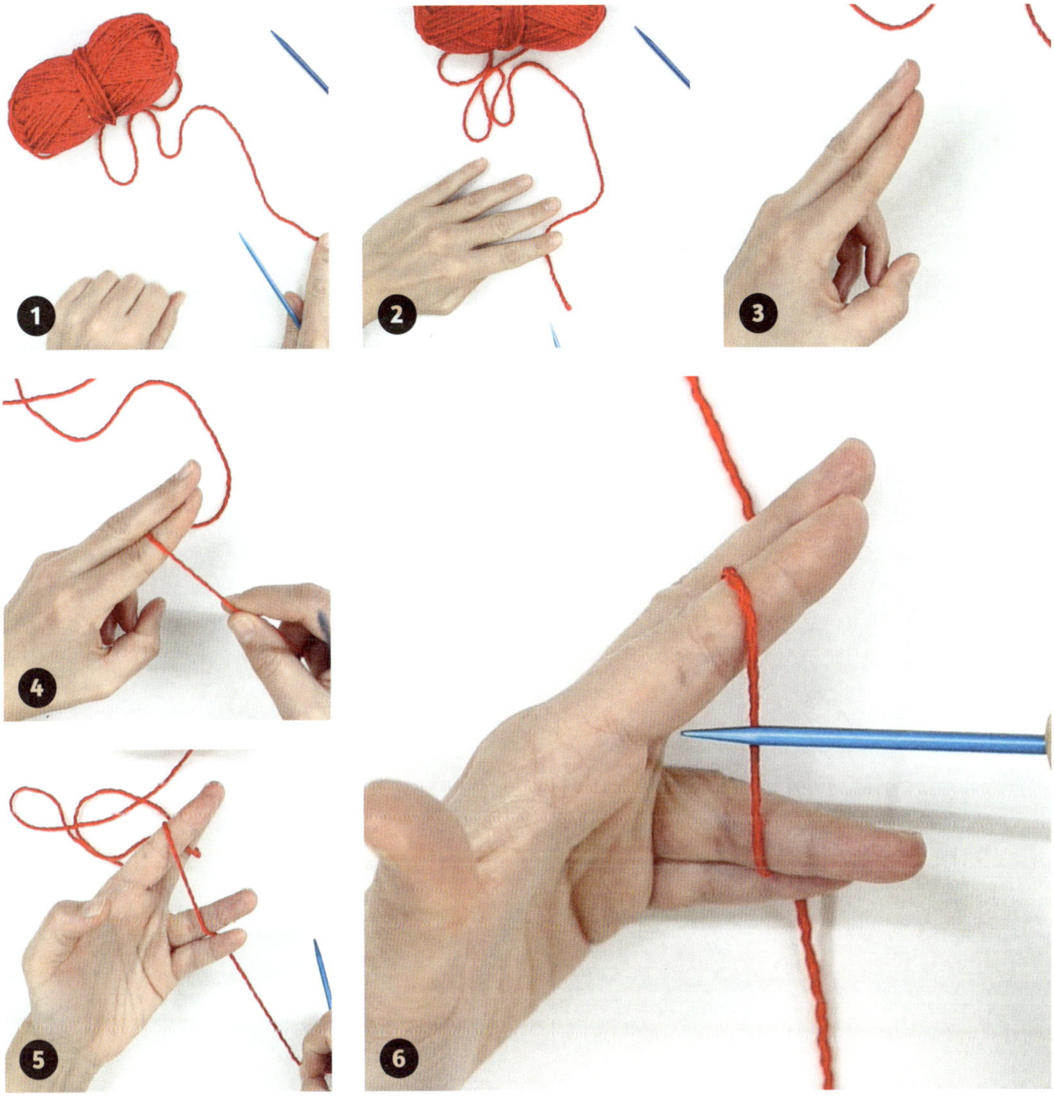

1. Pour nous faciliter la tâche, parlons du sens du fil. Je parlerai soit du fil côté pelote soit côté extrémité.
2. Prenez l'extrémité du fil et placez-la juste devant vous. Déroulez ensuite le fil puis placez la pelote en face de vous mais plus loin sur votre plan de travail.
3. Main gauche, créez une pince avec votre majeur qui vient se poser sur votre index.
4. Faites passer votre fil dans la pince.
5. Prenez ensuite l'extrémité du fil et pincez-la entre votre annulaire et votre auriculaire
6. Prenez votre aiguille avec la main droite et placez-la au-dessus du fil tendu.

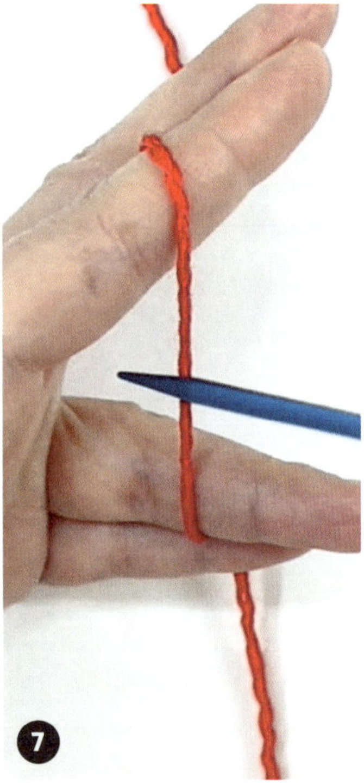

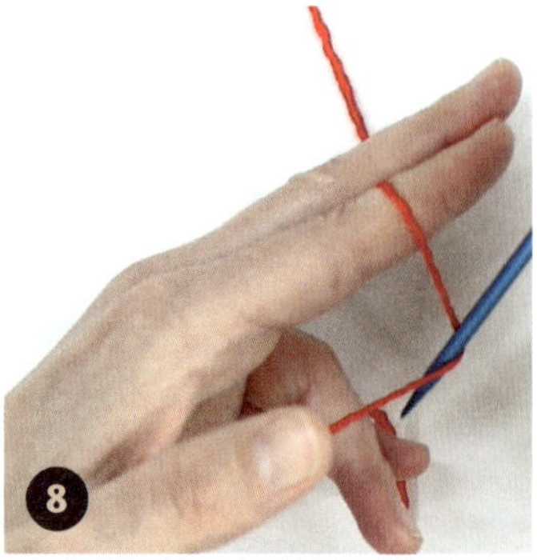

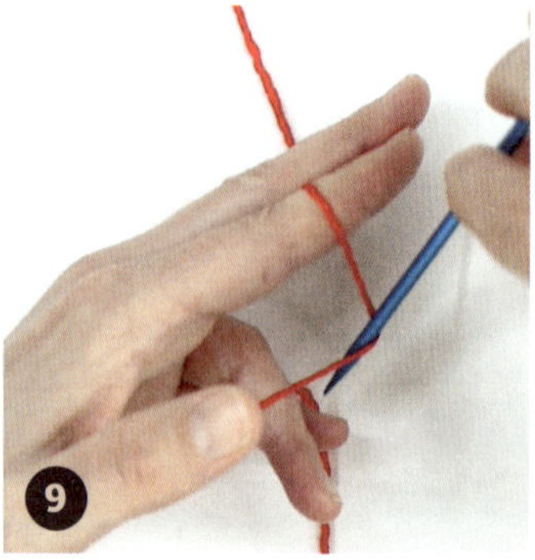

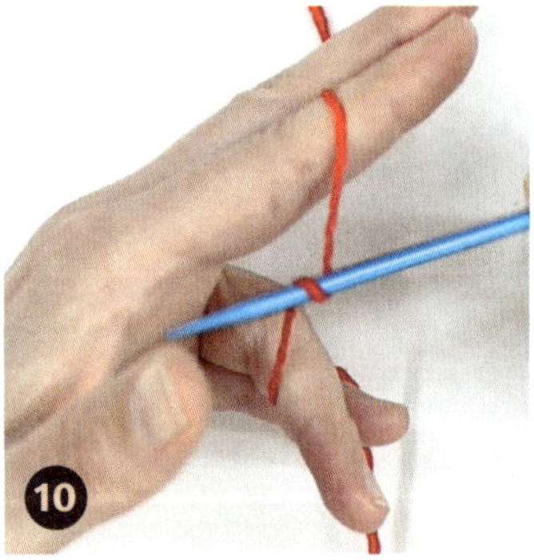

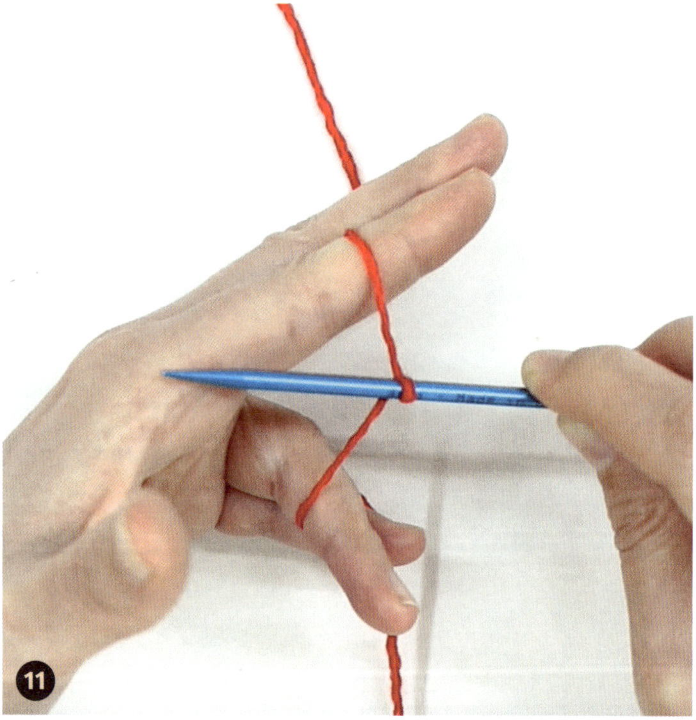

7. Descendez la pointe de l'aiguille vers votre plan de travail.
8. Déplacez ensuite toute l'aiguille vers la droite, toujours pointe vers le bas. Le fil est entraîné par l'aiguille et forme un chevron.
9. Pivotez l'arrière de votre main vers la pelote et vers le bas, la pointe de l'aiguille remonte dirigée vers vous.
10. Dirigez maintenant la pointe de l'aiguille vers la gauche au-dessus du fil. Une boucle s'est créée sur l'aiguille. Ce sera votre première maille.
11. Glissez votre pouce gauche sous le fil entre votre première maille et votre annulaire.

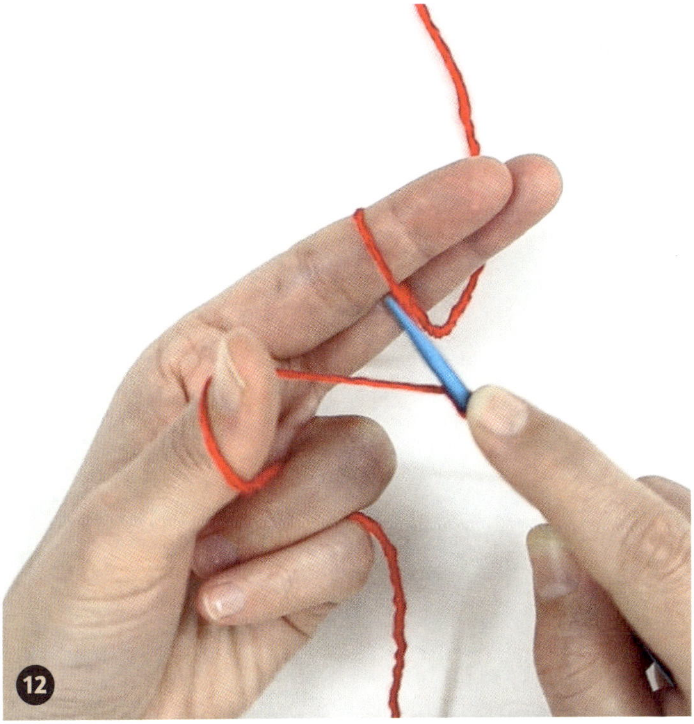

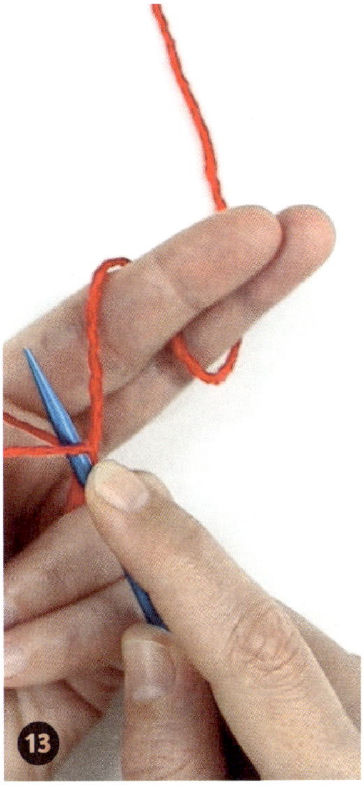

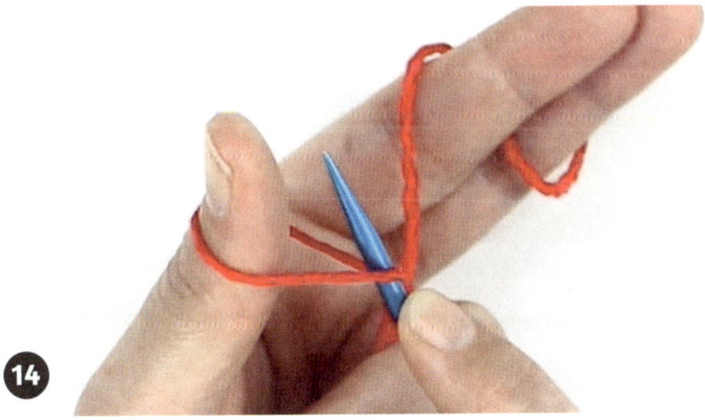

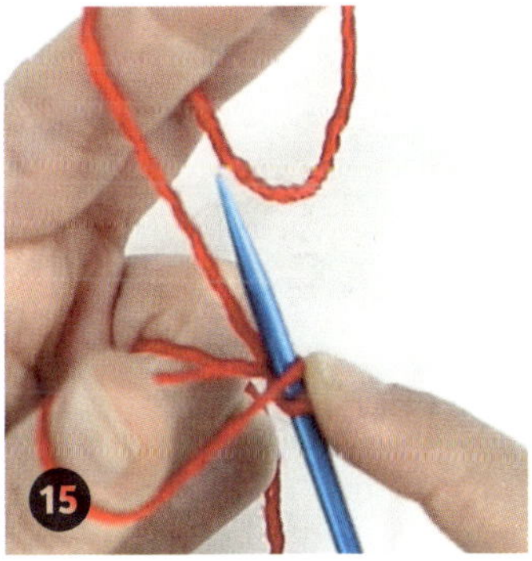

12. Déplacez votre pouce vers la gauche.
13. Placez votre index droit sur votre première maille pour éviter qu'elle glisse.
14. Passez la pointe de votre aiguille sous le fil du pouce qui se trouve le plus près de vous.
15-16. Passez la pointe de l'aiguille au-dessus et à droite du fil de l'index.

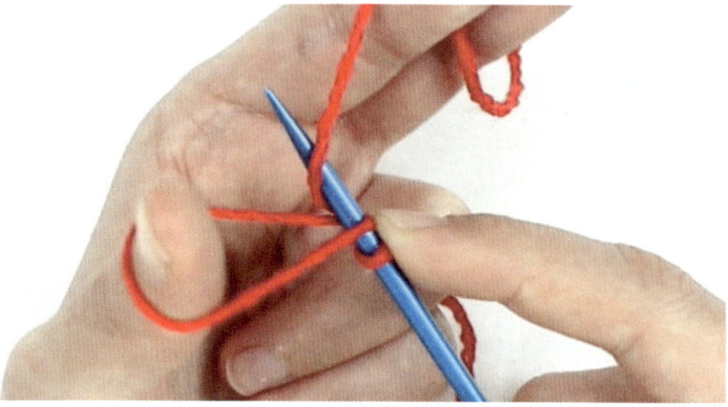

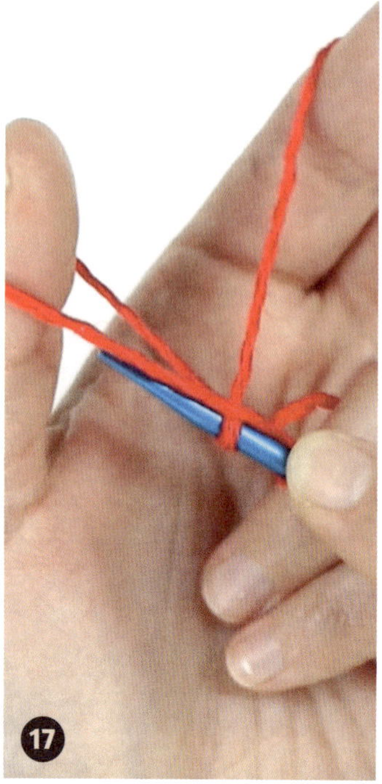

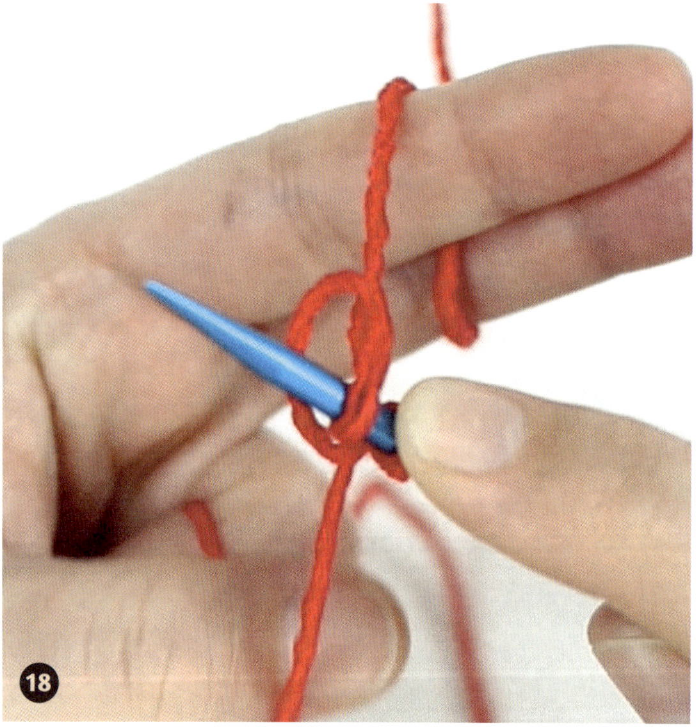

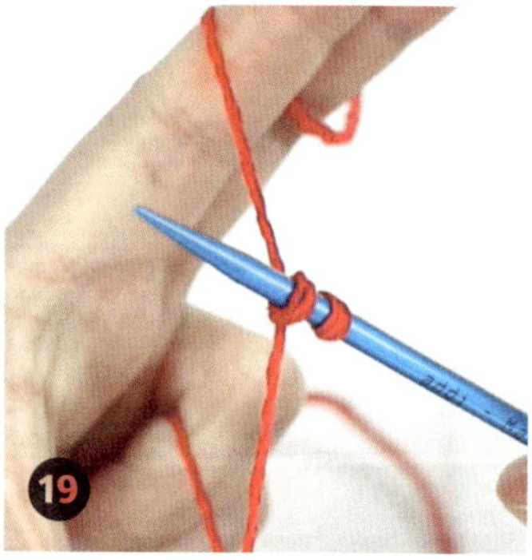

16. Puis sous ce même fil.
17. En ramenant votre aiguille vers vous, faites passer ce deuxième fil dans la boucle du pouce.
18. Sortez votre pouce de la boucle.
19. Tirez sur le fil du bas avec le pouce gauche… jusqu'à refermer le fil autour de l'aiguille et ainsi former votre deuxième maille.

Savoir *et retenir*

IL Y A PLEIN DE TECHNIQUES DIFFÉRENTES POUR MONTER LES MAILLES. ICI NOUS UTILISONS CELLE QUE L'ON APPELLE « MÉTHODE CONTINENTALE », « MONTAGE À LA SUISSE » OU « LONG TAIL CAST ON » EN ANGLAIS, CAR C'EST SANS DOUTE LA PLUS COURANTE. JE VOUS L'EXPLIQUE POUR LES DROITIERS, SACHEZ QUE C'EST LA MÊME TECHNIQUE POUR LES GAUCHERS, IL FAUT JUSTE TOUT FAIRE EN MIROIR.

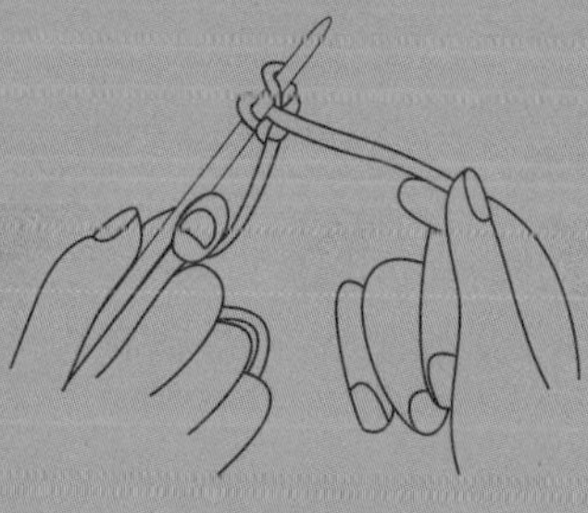

Quelle longueur de fil ?

La longueur de fil à prévoir côté extrémité dépend du nombre de mailles à réaliser. Comptez environ 1 cm par maille pour de petites aiguilles comme celles-là. Mais voyez toujours large car il est très désagréable de manquer de fil le moment voulu. Pour votre échantillon, prévoyez donc environ 25 cm, pour les 102 mailles de notre marinière, il faudra prévoir au moins 1,20 m.

Répétez toutes les étapes* DE LA DEUXIÈME MAILLE *de l'étape* 12 À 19 *afin d'obtenir 26 mailles.

Si vous préférez voir les explications pour apprendre à monter les mailles, ce que je vous conseille, scannez ce QR CODE pour accéder à une vidéo qui vous explique tout.

2

LA MAILLE *endroit*

C'est maintenant le moment de saisir votre seconde aiguille à tricoter ou alors l'autre extrémité de votre aiguille circulaire. L'aiguille qui porte les mailles se tient dans **votre main gauche**, je l'appellerai donc aiguille gauche. L'autre avec laquelle vous allez tricoter se trouve donc dans **votre main droite**, ce sera aiguille droite. Pour plus de facilité, **ici l'aiguille droite est jaune tandis que l'aiguille gauche est bleue.**

Quand vous êtes sur le point de tricoter, pensez à mettre les mailles qui ont été montées en dessous de l'aiguille. **Veillez aussi à ce que le fil de la pelote soit toujours placé en dessous de l'aiguille.**

Si vous le laissez vers le haut, vous pouvez avoir l'impression qu'il y a deux mailles et faire l'erreur de le tricoter. C'est un piège classique ! Petit à petit votre travail va être de plus en plus large puisque vous ajoutez une maille à chaque rang.

Une petite astuce : **recomptez vos mailles en fin de rang.** Ici, si vous en avez plus de 26, il y a de fortes chances pour que vous soyez tombé dans le piège !

Si vous préférez voir les explications pour mieux comprendre le piège de la première maille, ce que je vous conseille, scannez ce QR CODE pour accéder à une vidéo qui vous explique tout.

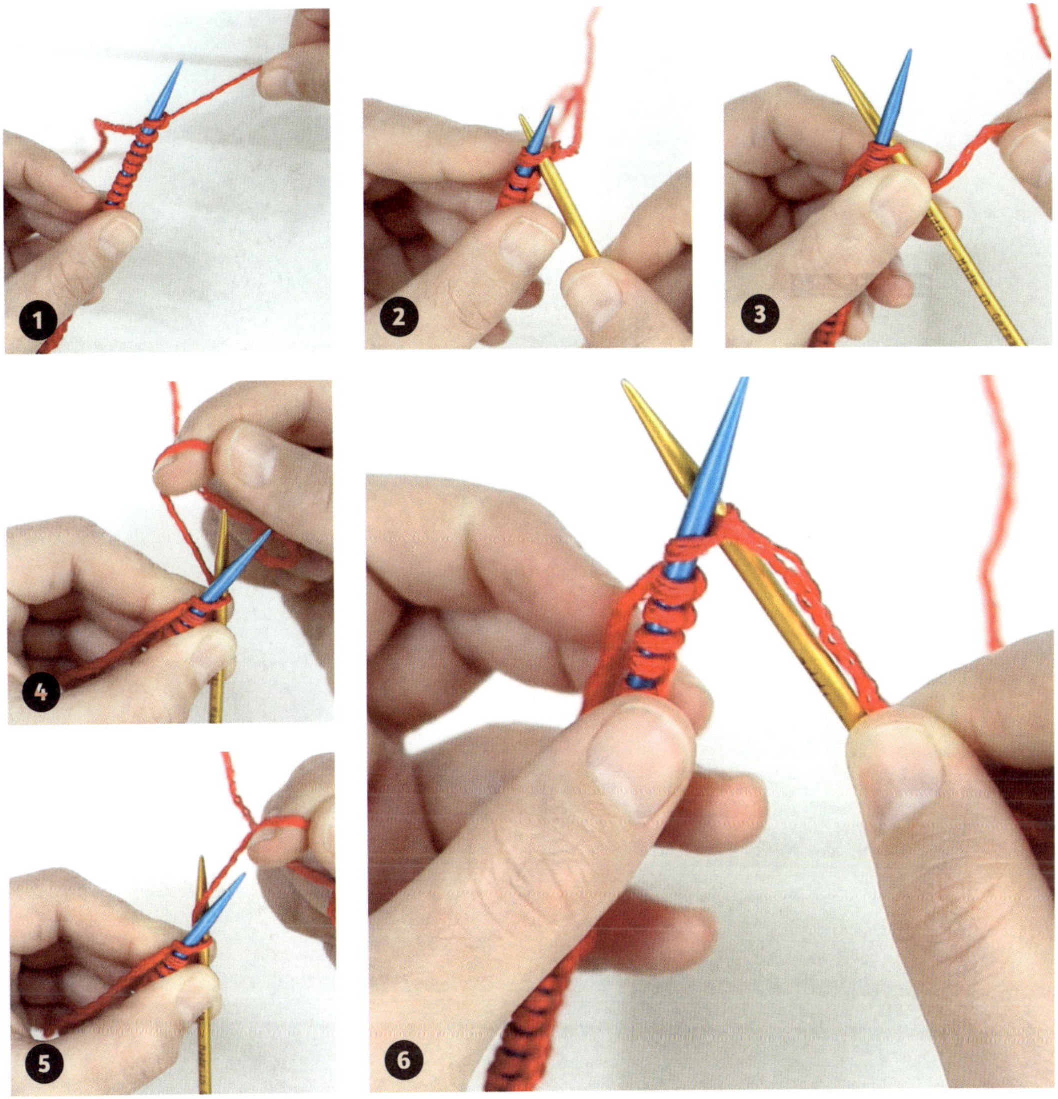

1. Mettez bien le fil de la pelote à l'arrière de l'ouvrage.
2. Passez la pointe de l'aiguille droite dans la première maille en passant par le dessous. L'aiguille droite vient se placer derrière l'aiguille gauche et former un X avec elle.
3. Tenez les deux aiguilles avec la main gauche et saisissez le fil de la pelote entre votre pouce et votre index droits.
4-5. Passez le fil à droite, derrière puis à gauche de l'aiguille droite. Passez ensuite le fil entre les deux aiguilles en le ramenant vers la droite.
6. Tenez bien le fil entre votre pouce et votre index droits. Avec les autres doigts de la main droite, saisissez l'aiguille droite.

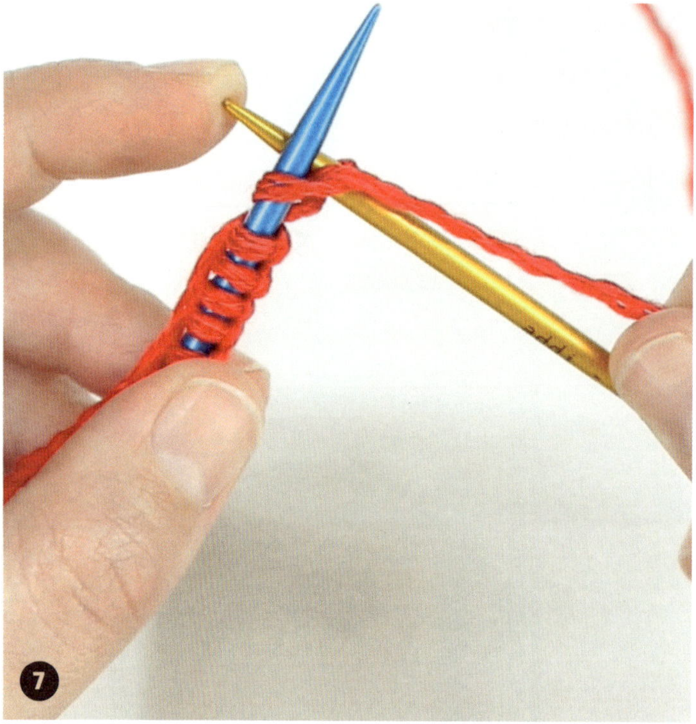

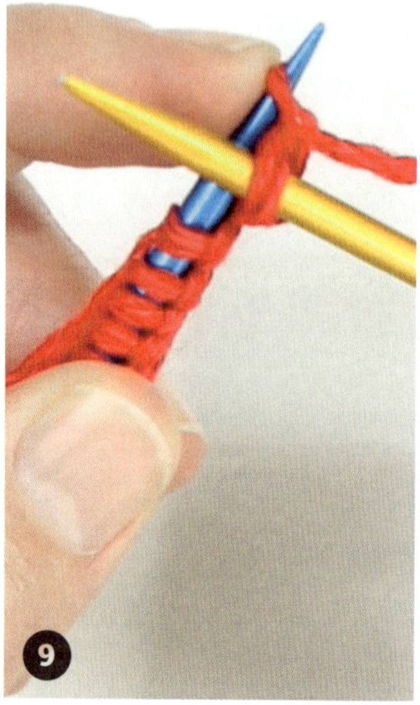

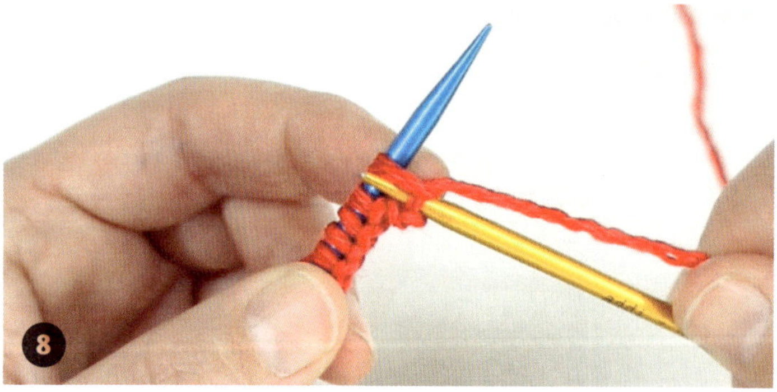

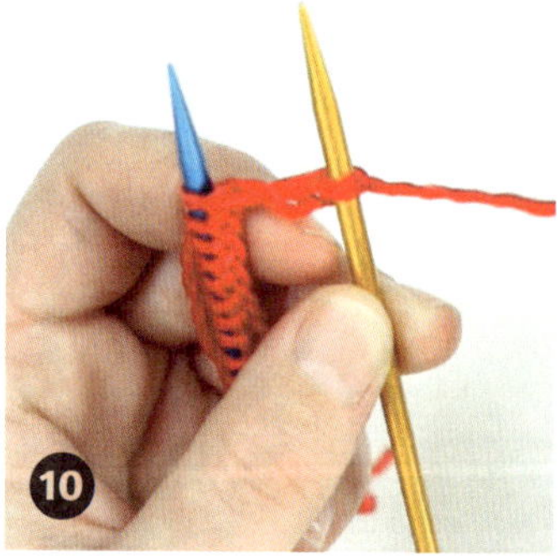

7-8. Ressortez ensuite l'aiguille droite de la maille en retenant le fil de la pelote pour le faire passer lui aussi dans la maille. Votre première maille tricotée se trouve sur l'aiguille droite.

9. Libérez maintenant la maille qui vient d'être tricotée en la faisant lentement glisser vers le haut.

10. Vous venez de tricoter votre première maille endroit ! Si elle est trop lâche, vous pouvez tirer un peu sur le fil de la pelote.

Savoir *et retenir*

QUAND ON TRICOTE TOUS LES RANGS EN MAILLES ENDROIT, ON OBTIENT CE QU'ON APPELLE LE POINT MOUSSE.

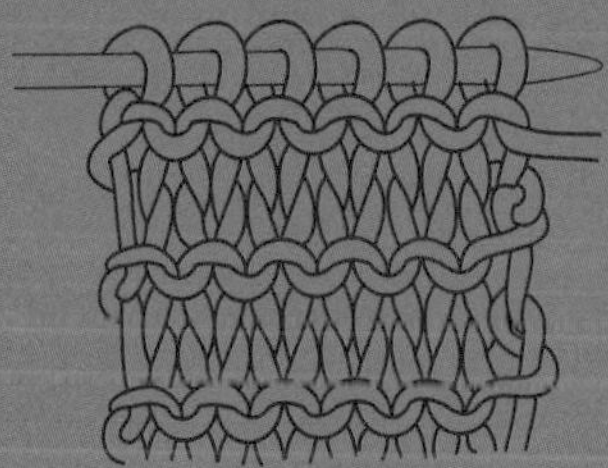

Répétez toutes les étapes* POUR CHAQUE MAILLE *afin de terminer votre premier rang endroit.

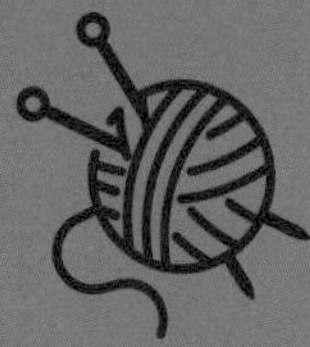

Si vous avez l'impression d'avoir 15 doigts par main et que votre cerveau n'en contrôle aucun, c'est normal, ne paniquez surtout pas et n'envisagez même pas d'abandonner, je vous ai à l'œil ! Comme on dit souvent, « tout est difficile avant d'être facile », donc persévérez, ce n'est qu'une question de minutes, promis !

Pour vous entraîner, faites 2 ou 3 rangs en tricotant toutes les mailles à l'endroit.

Si vous préférez voir les explications pour réaliser la maille endroit, ce que je vous conseille, scannez ce QR CODE pour accéder à une vidéo qui vous explique tout.

3

LA MAILLE *envers*

Vous savez à présent tricoter en mailles endroit. Maintenant, il est temps de vous lancer sur **la maille envers**. Le principe est exactement le même ! La seule chose qui change, c'est la façon de piquer l'aiguille dans la maille. L'aiguille droite, ici bleue, croisera **toujours devant l'aiguille jaune**. Le mieux, c'est de se lancer ! C'est toujours plus clair en pratique...

Ici aussi, vérifiez que votre fil est bien placé avant de commencer le rang. Pour rappel, **il doit toujour se trouver en dessous de l'aiguille, au risque sinon de tricoter une maille en trop sans le vouloir.**

Vous allez dire que je me répète mais cette petite vérification de début de rang vous évitera bien des ennuis. Et je parie que, dans quelques rangs, ce sera devenu un réflexe pour vous !

Si vous préférez voir les explications pour mieux comprendre comment placer le fil pour la première maille, ce que je vous conseille, scannez ce QR CODE pour accéder à une vidéo qui vous explique tout.

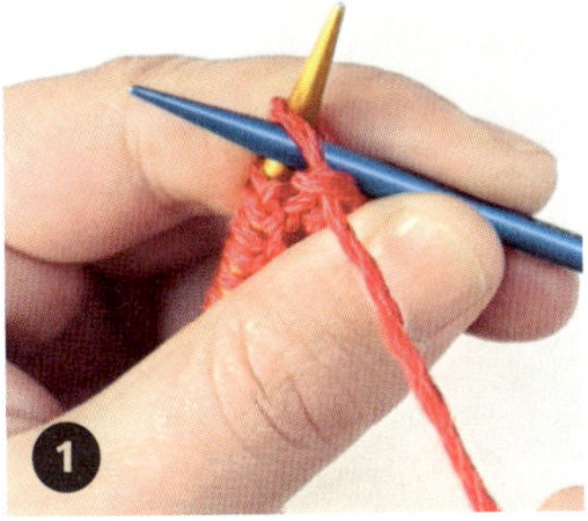

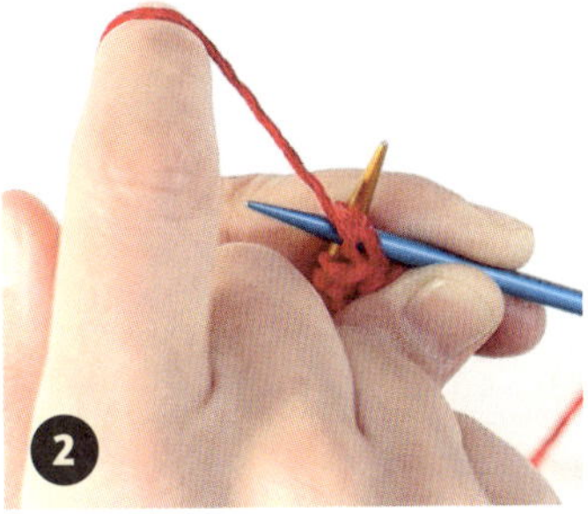

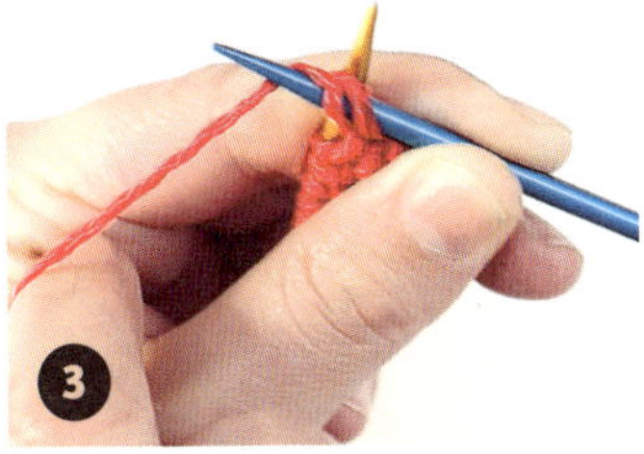

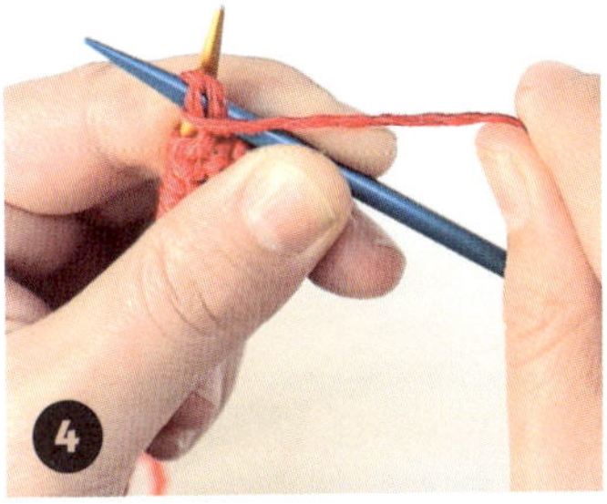

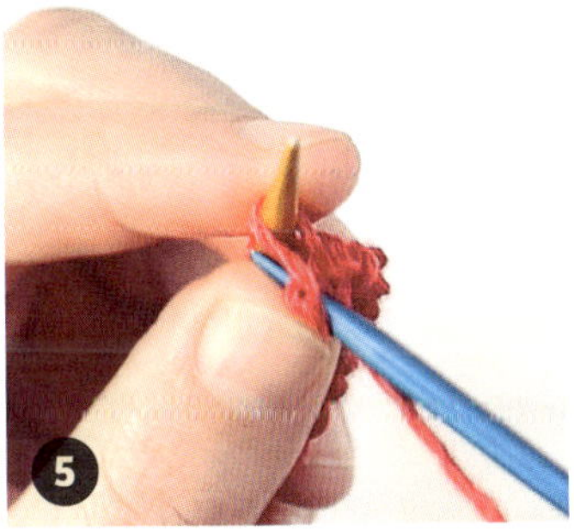

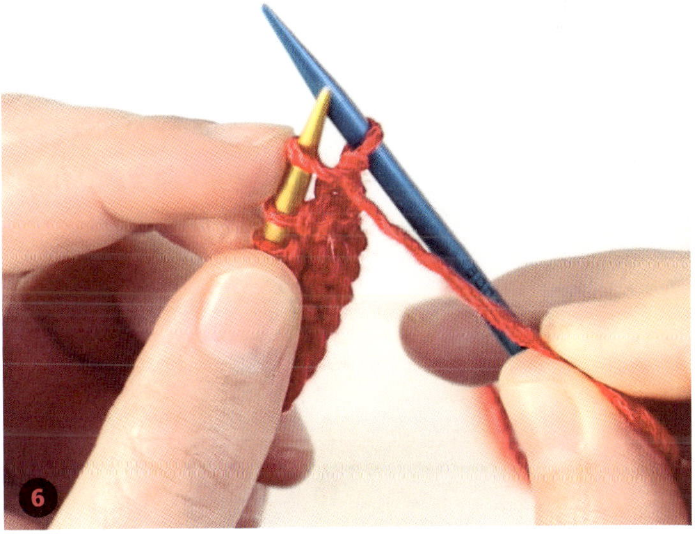

1. Passez la pointe de l'aiguille droite dans la première maille, mais cette fois passez par-devant. L'aiguille droite vient se placer devant l'aiguille gauche et former un X avec elle. Quand vous le saisissez, le fil de la pelote doit passer sous le croisement du X des deux aiguilles.
2-4. Enroulez le fil autour de l'aiguille droite en passant d'abord devant, au-dessus, derrière puis dessous.
5-6. Tenez bien le fil entre votre pouce et votre index droits. Avec les autres doigts de la main droite, saisissez l'aiguille droite. Ressortez ensuite l'aiguille droite de la maille en la dirigeant vers l'arrière et en retenant le fil de la pelote pour le faire passer lui aussi dans la maille. Votre première maille envers se trouve sur l'aiguille droite.

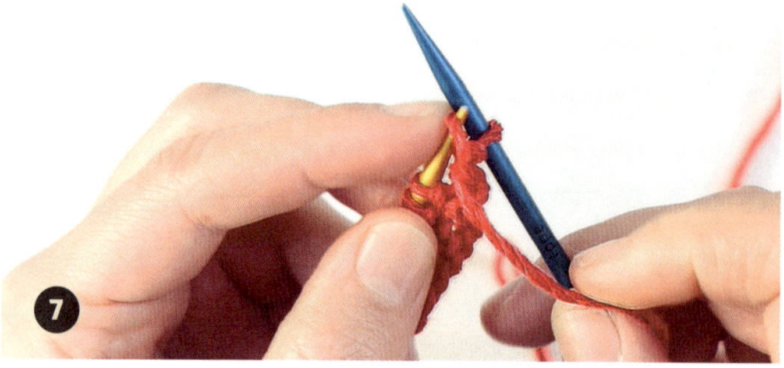

7. Libérez maintenant la maille qui vient d'être tricotée en la faisant lentement glisser vers la pointe de l'aiguille gauche pour la sortir de l'aiguille.

8. Vous venez de tricoter votre première maille envers ! Si elle est trop lâche, vous pouvez tirer un peu sur le fil de la pelote.

9. Quand vous tricotez à l'envers, gardez à l'esprit que votre fil doit toujours être placé à l'avant de votre ouvrage.

Savoir *et retenir*

QUAND ON ALTERNE UN RANG EN MAILLES ENDOIT ET UN RANG EN MAILLES ENVERS, ON OBTIENT DU JERSEY.

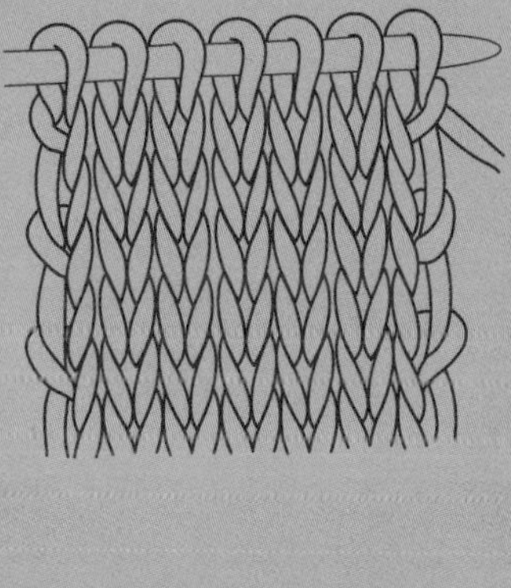

Répétez toutes les étapes **POUR CHAQUE MAILLE** *afin de terminer votre deuxième rang.*

Bravo ! Vous connaissez les deux mailles de base du tricot. Cela peut paraître incroyable mais il n'y en pas d'autre ! C'est la façon dont vous allez alterner les mailles endroit et les mailles envers qui va vous permettre de créer des motifs plus ou moins complexes.

Vous pouvez donc le crier haut et fort : vous savez à présent tricoter !

Si vous préférez voir les explications pour réaliser la maille envers, ce que je vous conseille, scannez ce QR CODE pour accéder à une vidéo qui vous explique tout.

4

LES CÔTES 2/2

Vous connaissez à présent les deux mailles du tricot. Maintenant, vous devez apprendre à **alterner une maille endroit et une maille envers** sur un même rang. C'est cela qui vous permettra de **créer des motifs** dans votre ouvrage, ce qu'on appelle des points.

Pour notre pull marin, nous utiliserons deux points : **le jersey,** que nous verrons juste après, et **les côtes 2/2.**

Il existe toutes sortes de côtes. Il suffit de varier la répétition de mailles endroit et de mailles envers. Mais attention, vous devez toujours avoir un nombre de mailles pair. Normal puisqu'on parle d'alternance !

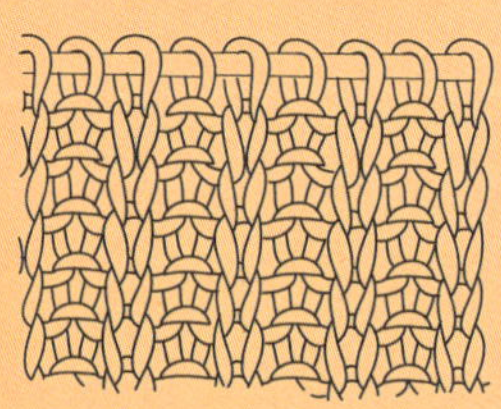

Pour les côtes 1/1, alternez une maille endroit et une maille envers.

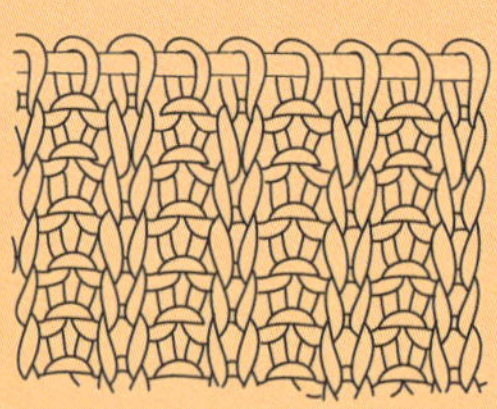

Pour les côtes 2/2, alternez deux mailles endroit et deux mailles envers.

1. Tricotez deux mailles endroit comme expliqué précédemment.
2-4. Votre fil est derrière l'aiguille. Ramenez-le entre les deux aiguilles de façon à le passer devant votre aiguille.
5-6. Tricotez deux mailles envers comme expliqué précédemment.

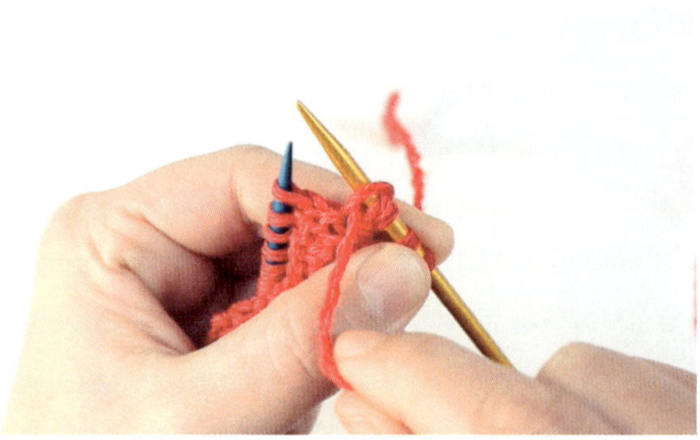

7

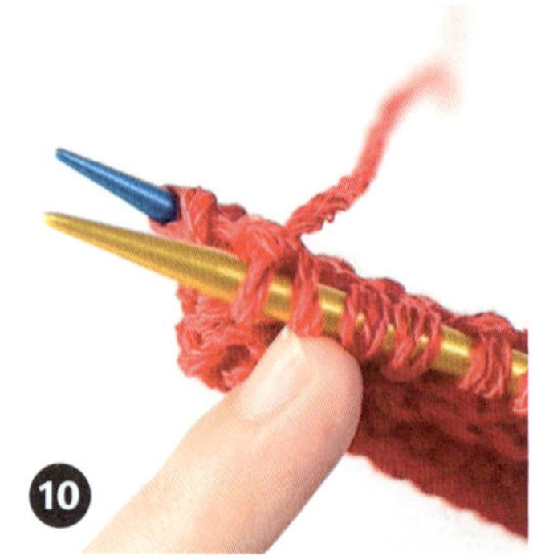

10

8

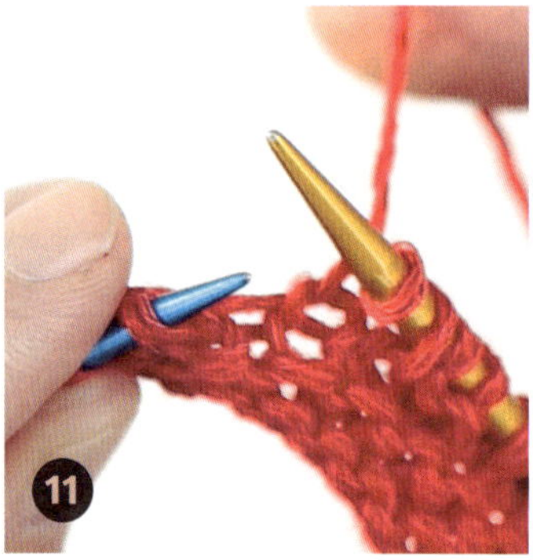

11

9

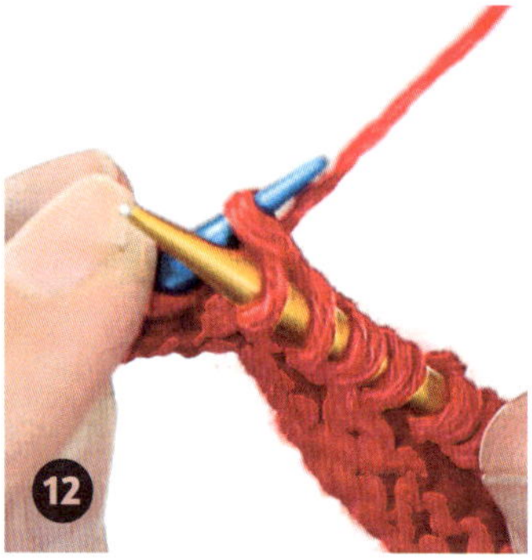

12

7-9. Votre fil est devant l'aiguille. Ramenez-le entre les deux aiguilles de façon à le passer derrière votre aiguille. Vous êtes prêt pour recommencer à l'étape 1 et enchaîner jusqu'à la fin du rang.

10-12. Si vous oubliez de repassez le fil, vous allez créer une maille supplémentaire. Pour réparer votre erreur, tirez sur le fil pour bien voir la dernière maille et piquez votre aiguille gauche dedans. Retirez doucement l'aiguille droite de la maille et tirez sur le fil.

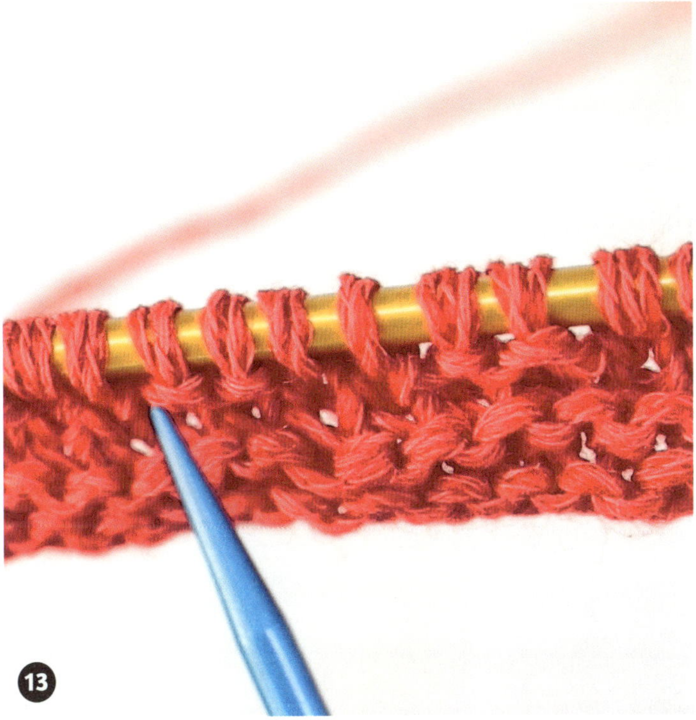

13. Une fois terminé, observez votre rang. Vous notez une alternance de petites bosses et de V. Les bosses correspondent aux mailles tricotées à l'envers.

14. Les V correspondent aux mailles que vous avez tricoté à l'endroit.

15-16. Pour faire le rang suivant, retournez votre aiguille et observez les mailles. Si vous êtes face à un V, tricotez à l'endroit, si c'est une bosse, tricotez à l'envers. Si la première maille est détendue et difficile à reconnaître, resserrez le fil et tirez vers le bas.

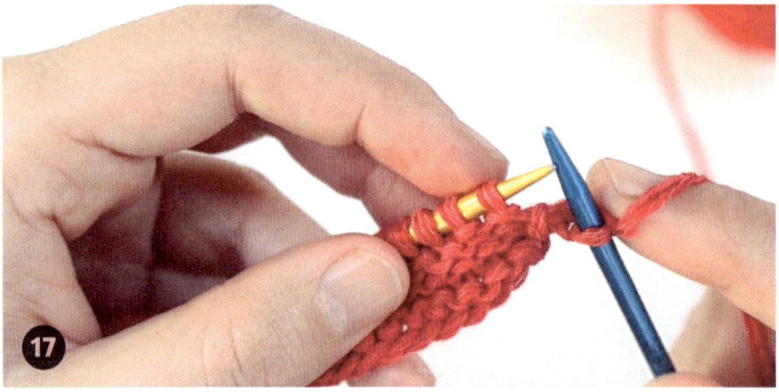

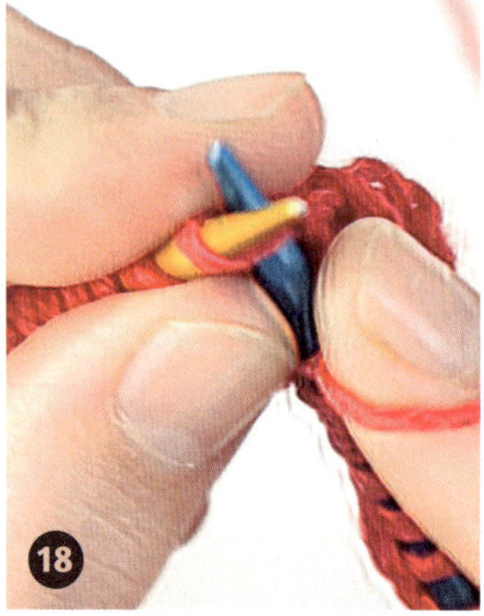

17. Ici, les deux mailles suivantes ont des bosses, il faut donc les tricoter à l'envers. Repassez le fil devant et tricotez-les.
18. Continuez ainsi pendant 4 rangs.
19-20. Bravo ! Vous avez réalisé vos côtes 2/2. Observez le rendu de la texture. Vous pouvez même retourner votre ouvrage : c'est identique des deux côtés !

Savoir *et retenir*

LES CÔTES 2/2 SONT COMPOSÉES D'UNE ALTERNANCE DE 2 MAILLES ENDROIT ET 2 MAILLES ENVERS. ELLES SONT TRÈS SOUVENT UTILISÉES POUR FAIRE LES BORDURES DES TRICOTS (COL, POIGNETS, OURLET) CAR ELLES NE ROULOTTENT PAS ET FORMENT UNE JOLIE FINITION.

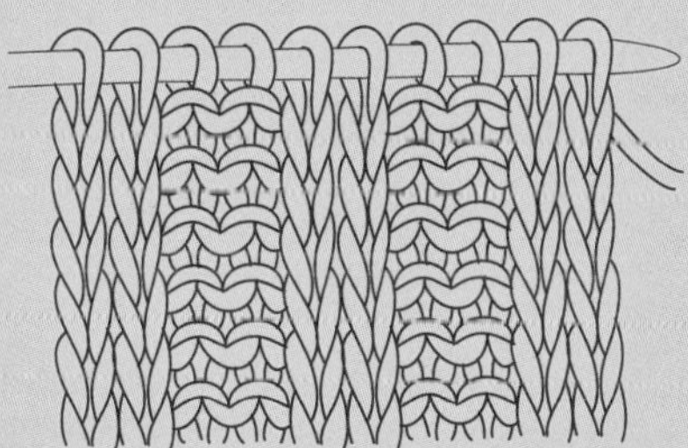

Où est le piège ?

Il n'y a pas vraiment de gros piège dans les côtes 2/2, il faut juste bien penser à mettre le fil derrière pour une maille endroit et devant pour une maille envers.

Vous pouvez le noter quelque part en pense-bête au début, mais cela deviendra vite un automatisme.

Bravo ! Vous maîtrisez
LES CÔTES 2/2.
Vous pouvez maintenant passer à la suite.

Si vous préférez voir les explications pour réaliser les côtes 2/2, ce que je vous conseille, scannez ce QR CODE pour accéder à une vidéo qui vous explique tout.

5

LE JERSEY

Ce qu'on appelle le jersey, c'est quand **on tricote alternativement un rang à l'endroit et un rang à l'envers.** C'est un des points les plus courants en tricot et celui que nous allons utiliser majoritairement pour réaliser notre pull. Il faut donc que vous soyez plutôt à l'aise avec lui.

La bonne nouvelle, c'est que vous allez avoir les 30 rangs de votre échantillon pour l'apprivoiser ! Quand vous l'aurez terminé, vous enchaînerez les rangs à l'endroit et les rangs à l'envers les yeux fermés.

Vous avez débuté votre échantillon en côtes 2/2. Pour passer maintenant au jersey, il n'y a rien de particulier à faire. Placez bien votre fil à l'arrière de votre ouvrage pour démarrer et tricotez les trois rangs suivants :

Rang 1 : *toutes les mailles à l'endroit.*
Rang 2 : *toutes les mailles à l'envers.*
Rang 3 : *toutes les mailles à l'endroit.*

Une fois que vous avez réalisé ces trois rangs, arrêtez-vous et observez le rendu.

Si vous préférez voir les explications pour mieux comprendre comment tricoter en jersey, ce que je vous conseille, scannez ce QR CODE pour accéder à une vidéo qui vous explique tout.

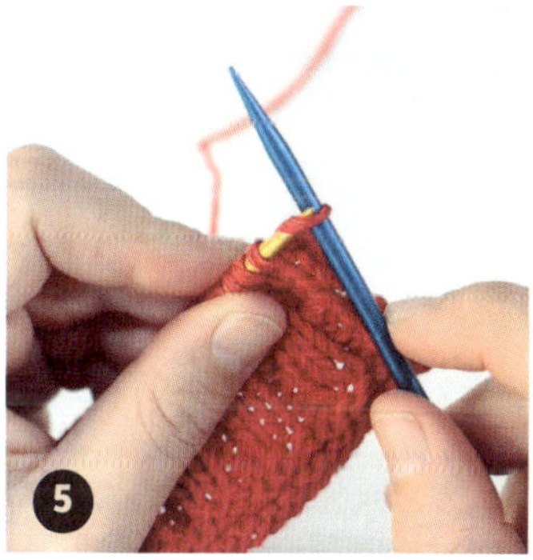

1. Tricotez un rang à l'endroit, tricotez le rang suivant à l'envers, suivi d'un troisième rang à l'endroit. Arrêtez-vous et observez le rendu. Vous êtes ici sur l'endroit du tricot et vous observez trois rangs de petits V.

2. L'envers du tricot présente des petites bosses.

3. Si vous regardez vos bords, vous remarquez que ce n'est pas très régulier. Il existe une technique simple pour avoir de jolis bords bien nets.

4. Le rang suivant est à l'endroit. Passez l'aiguille droite dans la première maille comme si vous alliez la tricoter à l'endroit.

5. Glissez la maille sur l'aiguille sans la tricoter.

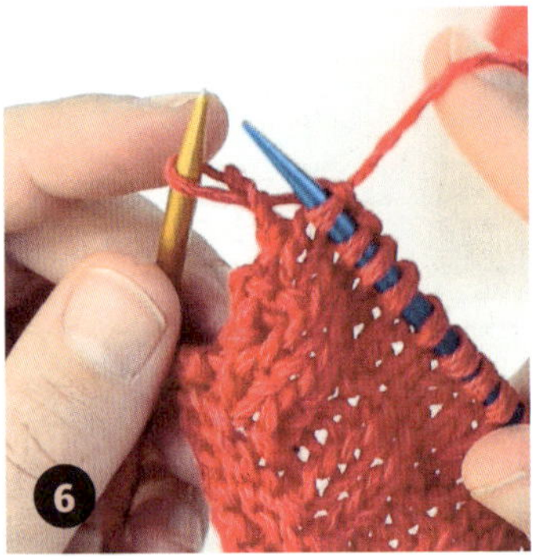

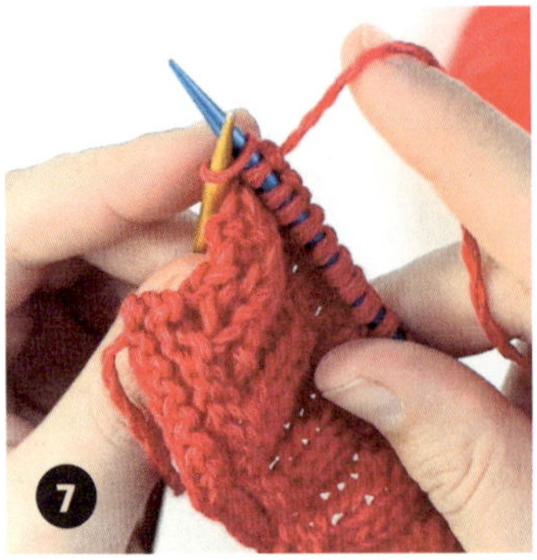

6. Tricotez votre rang en mailles endroit jusqu'à ce qu'il ne reste plus qu'une maille sur l'aiguille gauche.
7. Passez l'aiguille droite dans la maille comme si vous alliez la tricoter et glissez-la sans la tricoter.
8. Retournez le travail en laissant bien le fil devant.
9. Tricotez tout le rang à l'envers, mais dès la première maille cette fois. Repétez ces deux rangs 5 fois pour mieux observer les lisières.
10-11. Le résultat ? Une jolie maille qui ressemble à une tresse tout le long des bords !

Savoir *et retenir*

POUR SAVOIR SI VOUS DEVEZ TRICOTER LE RANG À L'ENDROIT OU À L'ENVERS, REGARDEZ LES MAILLES. SI VOUS ÊTES DU CÔTÉ DES V, TRICOTEZ LE RANG À L'ENDROIT. SI VOUS ÊTES DU CÔTÉ DES BOSSES, TRICOTEZ LE RANG À L'ENVERS.

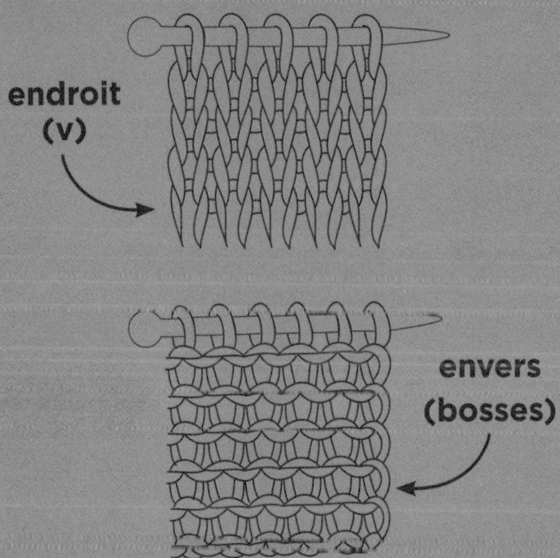

Pour finir votre échantillon, **CONTINUEZ EN JERSEY** *jusqu'à ce que vous ayez* **30 RANGS** *de jersey au total.*

Jersey endroit ou envers ?

On appelle jersey endroit le côté de l'ouvrage qui n'est fait que de V. C'est le point le plus fréquemment utilisé. Parfois, pour créer du contraste, on utilise le jersey envers. Cela correspond au côté qui n'est fait que de bosses. Dans ce cas, il faudra commencer par tricoter un rang tout à l'envers, puis alterner rang endroit et rang envers comme expliqué.

Si vous préférez voir les explications pour mieux comprendre comment faire de jolies bordures, ce que je vous conseille, scannez ce QR CODE pour accéder à une vidéo qui vous explique tout.

6

RABATTRE *les mailles*

Votre échantillon est à présent assez grand. Pour en être sûr, prenez une règle, et **vérifiez qu'il fait bien plus de 10 cm de hauteur après les côtes**. Si ce n'est pas le cas, continuez quelques rangs en jersey pour atteindre cette dimension.

Une fois que vous avez les bonnes dimensions, il est temps de **rabattre les mailles** pour terminer votre échantillon.

Pour un tricot bien régulier, il faut toujours serrer ses mailles de la même manière. Si vous tricotez trop lâche, vos mailles seront trop larges et votre pull risque d'avoir une forme un peu décevante. Dans ce cas, veillez-bien à tirer sur le fil après chaque maille réalisée.

Parfois c'est l'inverse qui se produit : on tire tellement fort sur le fil que les mailles sont trop serrées. Dans ce cas, votre pull risque d'être un peu trop petit, mais surtout, vous risquez d'avoir à chaque fois beaucoup de mal à passer les aiguilles dans les mailles pour tricoter.

C'est peut-être aussi parce que vous tricotez avec la pointe des aiguilles. En effet, elles sont plus fines au bout. Il faut donc toujours bien penser à pousser suffisamment l'aiguille pour enrouler la maille au niveau du corps de l'aiguille afin d'éviter ce souci.

Mais pas de panique ! C'est à force de pratiquer qu'on trouve le juste milieu.

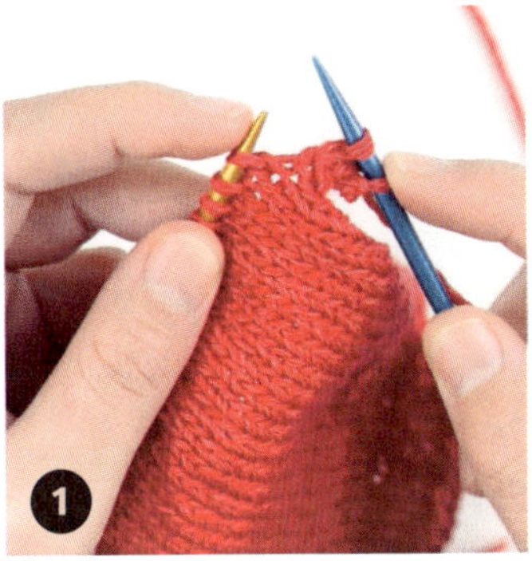

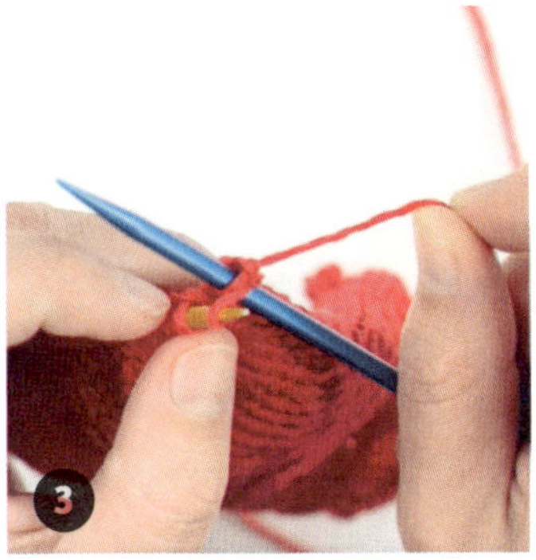

1. Tricotez les deux premières mailles à l'endroit en évitant de trop serrer.
2. Glissez l'aiguille gauche dans la première maille tricotée.
3. Tenez bien le fil de la pelote. Cela vous évitera de perdre une maille.
4-5. Glissez l'aiguille droite pour faire passer la maille attrapée à l'aide de l'aiguille gauche par-dessus l'autre maille située sur l'aiguille droite.
6. Terminez en glissant la maille pour la faire tomber de l'aiguille gauche. Vous n'avez maintenant plus qu'une maille sur l'aiguille droite.

6 *Rabattre les mailles*

7. Tricotez la maille suivante à l'endroit.
8. Répétez les étapes 2 à 6 pour passer la première maille par-dessus la seconde jusqu'à ce qu'il ne vous reste plus qu'une maille sur l'aiguille gauche.
9-10. Prenez votre aiguille et tirez vers le haut pour former une grande boucle.
11. Passez votre pelote dans la boucle et tirez sur le fil pour former un nœud. Coupez le fil.

Savoir *et retenir*

SOUVENEZ-VOUS QU'ON PROCÈDE TOUJOURS PAR DEUX MAILLES POUR RABATTRE.

1- JE TRICOTE DEUX MAILLES.

2- JE PASSE LA PREMIÈRE PAR-DESSUS L'AUTRE.

SI VOUS AVEZ PLUS DE DEUX MAILLES SUR VOTRE AIGUILLE DROITE, C'EST QU'IL Y A UNE PETITE ERREUR !

Bravo ! Vous savez maintenant
RABATTRE LES MAILLES !
Le tricot n'aura bientôt plus de secret pour vous.

Les mailles ainsi rabattues forment une sorte de tresse. Ne vous inquiétez pas si cela roule vers l'endroit de votre tricot. Pas la peine de chercher ce que vous avez mal fait, de vous dire que ce n'est pas bon ou, pire, de vouloir recommencer : c'est tout à fait normal ! Les bordures des côtés ont toujours tendance à rouler vers l'envers du tricot et la bordure du haut, vers l'endroit.

Si vous préférez voir les explications pour rabattre les mailles, ce que je vous conseille, scannez ce QR CODE pour accéder à une vidéo qui vous explique tout.

7

MESURER *l'échantillon*

Bravo ! Vous venez de terminer **votre échantillon**. Cela vous a permis de vous entraîner sur plusieurs rangs et d'acquérir quelques automatismes. Cela peut sembler un peu rébarbatif et peu satisfaisant, mais je vous assure que **c'est très important pour la suite des opérations**.

Grâce à cet échantillon, vous allez pouvoir **calculer combien de mailles et de rangs il vous faut pour tricoter un carré de 10 × 10 cm** et vérifier que vous tricotez bien aux dimensions prévues par le patron.

Pour rappel, le patron de notre marinière prévoit l'échantillon suivant :

Carré de 10 x 10 cm = 19 mailles, 28 rangs

Si vous avez une maille de plus ou de moins, il est tentant de se dire que ce n'est qu'une maille et qu'il n'y a pas péril dans la demeure. Erreur ! À l'échelle d'un pull, un écart d'une maille sur l'échantillon représente près de vingt mailles de plus ou de moins. Je vous laisse faire le calcul mais cela représente pas mal de centimètres. Vous aurez donc carrément une taille de différence !

Si votre échantillon a plus de deux mailles d'écart, je vous conseille de refaire un échantillon en essayant d'adapter votre façon de tricoter.

Si vous préférez voir les explications pour mieux comprendre comment mesurer votre échantillon, ce que je vous conseille, scannez ce QR CODE pour accéder à une vidéo qui vous explique tout.

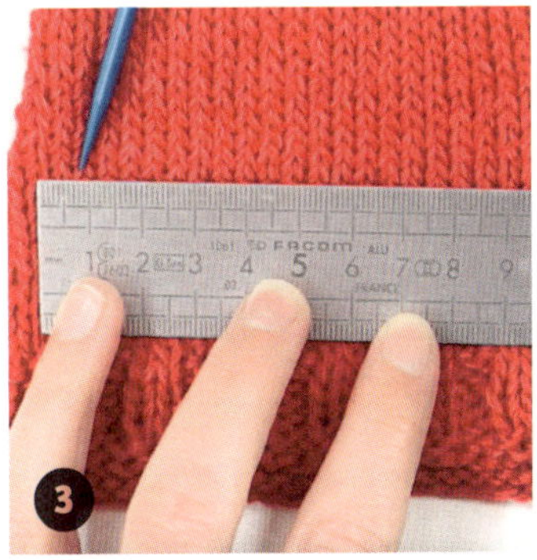

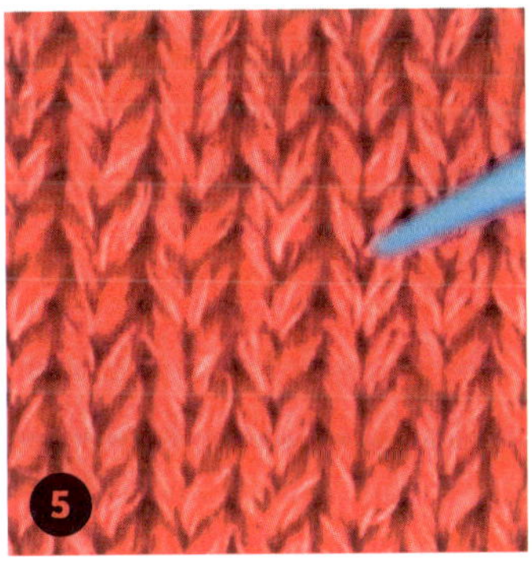

1. Posez votre échantillon bien à plat devant vous.
2. Prenez une règles d'au moins 10 cm et posez-la sur votre échantillon à l'horizontale. Faites bien attention à ce que le début de votre règle soit bien au début d'une maille.
3. Comptez maintenant le nombre de mailles qu'il vous faut pour couvrir 10 cm de largeur. Pour cela, comptez le nombre de V côte à côte.
4. Placez maintenant votre règle à la verticale et comptez le nombre de rangs nécessaires pour atteindre 10 cm. Pour cela, comptez le nombre de V placés les uns par-dessus les autres.
5. Ici par exemple, nous comptons 5 mailles sur 5 rangs.
6. Notez sur un carnet les mesures de votre échantillon.

Les pièges *de l'échantillon*

PLUS DE DEUX MAILLES DE TROP ? VOUS TRICOTEZ TROP LÂCHE.
DEUX SOLUTIONS : CHANGER POUR DES AIGUILLES N°3 OU N°3,5 ET REFAIRE UN ÉCHANTILLON OU TRICOTER UNE TAILLE EN DESSOUS DE VOTRE TAILLE HABITUELLE.

PLUS DE DEUX MAILLES DE MOINS ?
VOUS TRICOTEZ TROP SERRÉ.
DEUX SOLUTIONS : CHANGER POUR DES AIGUILLES N°4,5 OU N°5 ET REFAIRE UN ÉCHANTILLON OU TRICOTER UNE TAILLE AU-DESSUS DE VOTRE TAILLE HABITUELLE.

Une différence dans le nombre de rangs est beaucoup plus facile à gérer. Il suffit de mesurer son travail au fur et à mesure et de s'arrêter un peu avant ou un peu après ce que dit le patron. Mais attention, toutes les parties du pull doivent être modifiées de la même manière sous peine de se retrouver avec un dos plus long que le devant ou avec deux manches qui ne font pas la même longueur !

Vos mesures sont bonnes ?
VOTRE ÉCHANTILLON
est prêt ! Maintenant, on attaque le pull.

Si vous préférez voir les explications pour mieux comprendre comment compter les mailles, ce que je vous conseille, scannez ce QR CODE pour accéder à une vidéo qui vous explique tout.

Quelle taille *tricoter* ?

Dans un patron, vous trouverez très souvent **un schéma** de la pièce que vous allez tricoter avec des mesures. Ce sont ces dessins qui vous permettent de **choisir la taille que vous allez tricoter**.

Prenons l'exemple de la taille S. Vous voyez ici que le dos et le devant devraient mesurer 54 cm, cela fait donc un total de 108 cm pour le tour de buste.
Ce modèle de pull est large, on peut donc imaginer qu'il y a **une aisance de 25 cm environ**. Si votre tour de poitrine est 83 cm, en ajoutant l'aisance on arrive à 108 cm, alors tricotez la taille S. Autour de 91 cm, tricotez une taille M ; 99 cm, un L ; 109 cm, un XL et 119 cm, un XXL.

Autre astuce : **mesurez un pull large de votre garde-robe que vous aimez bien** ! Cela vous donnera sans doute une idée un peu plus précise de la taille qui vous conviendra.

MESURES DU PATRON

Guide des tailles
S - M - L - XL - XXL

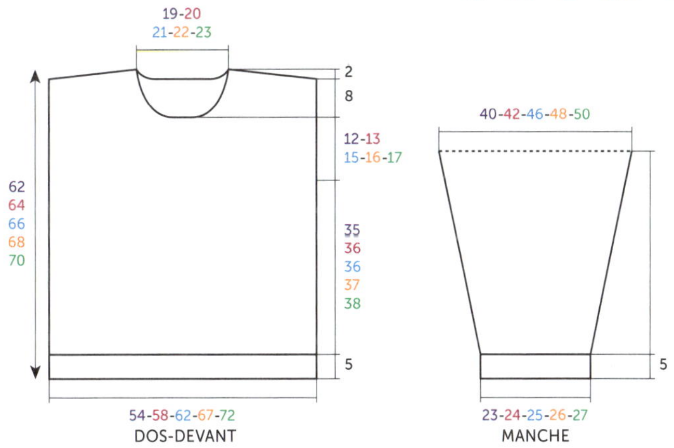

8

CORRIGER *ses erreurs*

Le pire quand on débute le tricot, **c'est de gérer les erreurs**. Voir une maille s'échapper de l'aiguille sans rien pouvoir faire, c'est la panique assurée. Alors je vous donne ici la solution pour trois des erreurs les plus communes :

- **perdre une maille,**
- **se rendre compte qu'on a perdu une maille depuis plusieurs rangs,**
- **devoir défaire des mailles.**

Même si vous tricotez, il est toujours utile d'avoir quelques crochets à portée de main. Ce petit accessoire vous sera très utile pour rattraper des mailles. Il peut être en bois, en métal ou en plastique, cela n'a aucune importance.

Choisissez-le de la même taille que vos aiguilles ou d'un ou deux numéros en dessous pour le passer plus facilement dans les mailles.

1. Vous venez de perdre une maille, saisissez tout de suite votre crochet et replacez-la sur l'aiguille gauche.

2. Si vous avez tiré, la maille est peut-être descendue au rang précédent. Des lignes horizontales se forment.

3-5. Prenez un crochet et passez-le dans la maille perdue. Attrapez le fil horizontal au-dessus et tirez-le à travers la maille. Recommencez autant de fois que nécessaire pour revenir au rang initial. Replacez la dernière maille sur l'aiguille gauche et reprenez le tricot.

6-8. Si vous avez perdu une maille depuis plusieurs rangs, cela forme un trou. Écartez les mailles de chaque côté pour retrouver les lignes horizontales et procédez de la même manière avec le crochet.

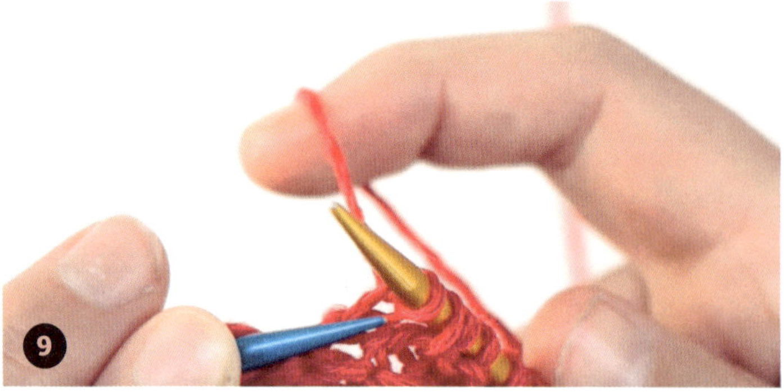

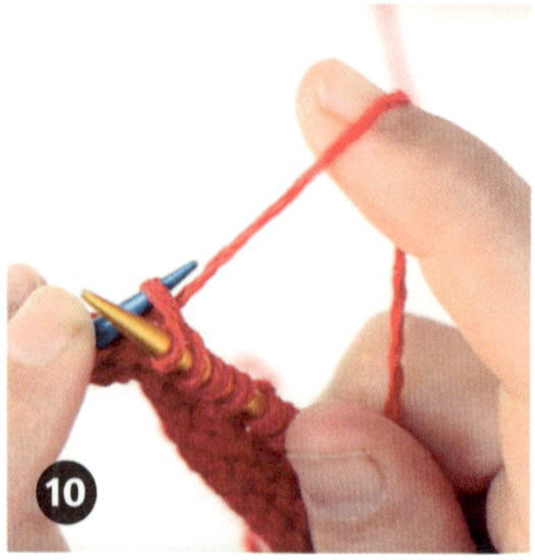

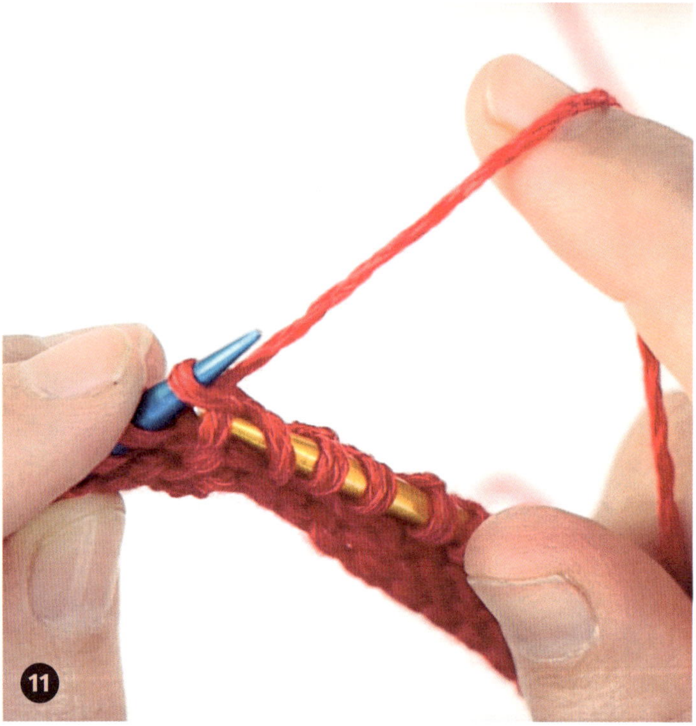

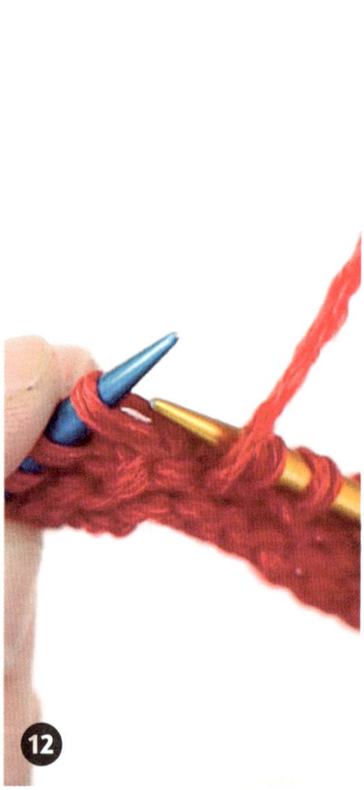

9-10. Si vous avez fait un rang de trop, que vous vous êtes trompé entre maille envers et maille endroit, ou que vous n'avez pas utilisé la bonne couleur, vous devrez détricoter. Tirez bien sur le fil pour repérer la maille d'où il sort.
11-12. Passez votre aiguille gauche dans le trou, glissez l'aiguille droite pour libérer la maille et tirez sur le fil.

Savoir *et retenir*

FAIRE UNE ERREUR EST TOUT À FAIT NORMAL QUAND ON DÉBUTE. MÊME LES PLUS CHEVRONNÉS DOIVENT PARFOIS DÉTRICOTER OU RATTRAPER UNE MAILLE DE TEMPS EN TEMPS. L'ESSENTIEL, C'EST DE GARDER LA TÊTE FROIDE, DE SAISIR SON CROCHET ET DE TROUVER LA SOLUTION !

Pas de raison de paniquer, vous savez maintenant

CORRIGER VOS ERREURS ! C'EST PARTI

Reprendre une maille envers ?

Ici je vous ai montré comment rattraper une maille endroit. Et si je perds une maille envers, me direz vous. Eh bien, ce sera exactement la même chose. Seule la façon de piquer avec le crochet changera. À l'endroit, vous avez piqué le crochet dans la maille en allant de l'avant vers l'arrière. À l'envers, vous piquerez avec le crochet de l'arrière vers l'avant.

Si vous préférez voir les explications pour mieux comprendre comment corriger ses erreurs, ce que je vous conseille, scannez ce QR CODE pour accéder à une vidéo qui vous explique tout.

Assembler le pull
PAGE 88
10
Tricoter le col
PAGE 84
9
Assembler les épaules
PAGE 80
8
Tricoter les manches
PAGE 72
7
Tricoter le devant
PAGE 66
6
Faire une augmentation
PAGE 52
2

#CHALLENGE PULL
en 10 étapes

1

COMMENCER *le dos*

Vous maîtrisez les bases, vous avez réussi à tricoter votre échantillon et vous savez quelle taille vous conviendra ? Alors il est temps pour vous de faire le grand saut et d'**attaquer votre pull**. Le plus simple est de suivre exactement l'ordre du patron et de **commencer par le dos**.

Avant de vous lancer, lisez attentivement le patron. Celui-ci indique :

Montez 102-110-122-130-138 mailles
dans le coloris Géranium sur les aiguilles n° 3,5.
Tricotez 5 cm (16 rangs) en côtes 2/2.

Voyez les nombres qui se suivent, « 102-110-122-130-138 mailles », ils correspondent aux consignes à suivre pour chaque taille dans l'ordre indiqué en début de patron (S, M, L, XL et XXL). Il est souvent conseillé d'entourer ou de surligner les nombres qui correspondent à la taille que vous voulez faire sur tout le patron avant de commencer à tricoter. Cela évite de nombreuses erreurs d'étourderie qui peuvent être très longues à corriger !

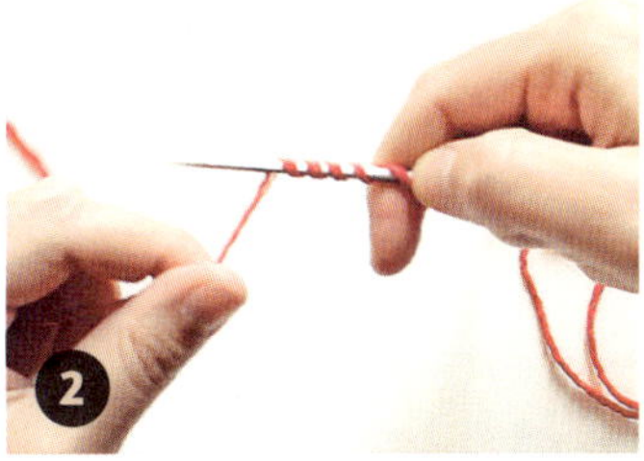

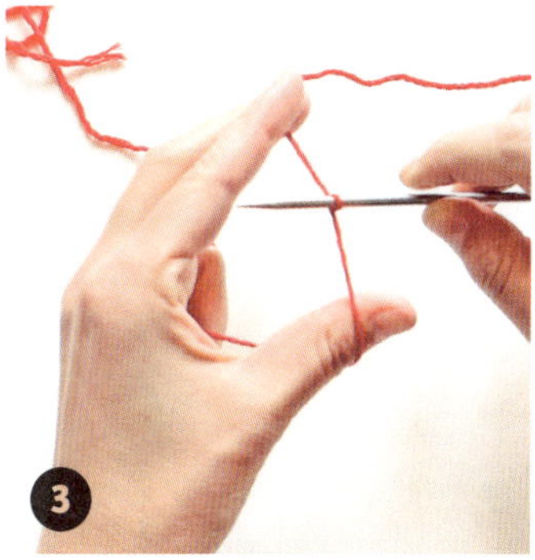

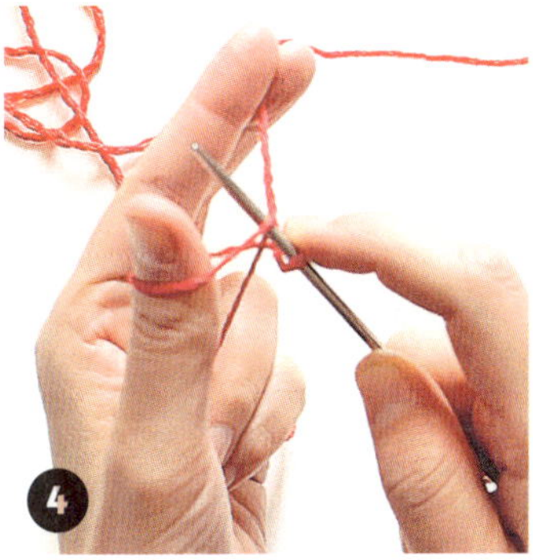

1-2. Déroulez une bonne longueur de fil avant de commencer à monter les mailles. Pour ce projet, il faut 1,20 m environ. Il existe une astuce pour être sûr d'avoir suffisamment de fil pour monter les mailles. Elle consiste à enrouler le fil autour de l'aiguille autant de fois que de mailles nécessaires puis à le dérouler : ce fil servira à monter les mailles.

3-6. En suivant les explications des pages 11-14, montez le nombre de mailles indiqué pour la taille de pull choisie : 102 pour une taille S, 110 pour une taille M, 122 pour une taille L, 130 pour une taille XL 138 pour une taille XXL.

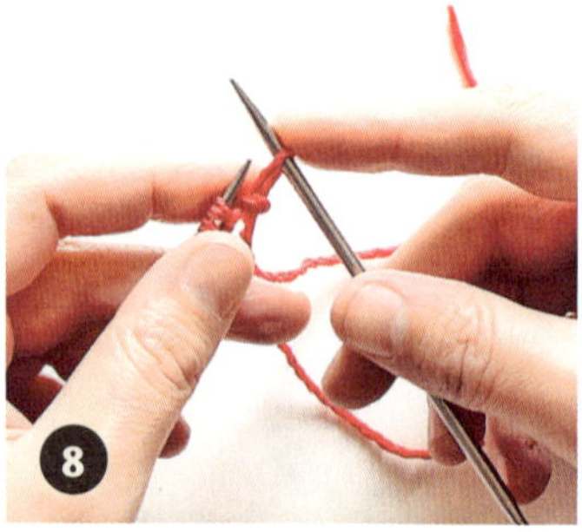

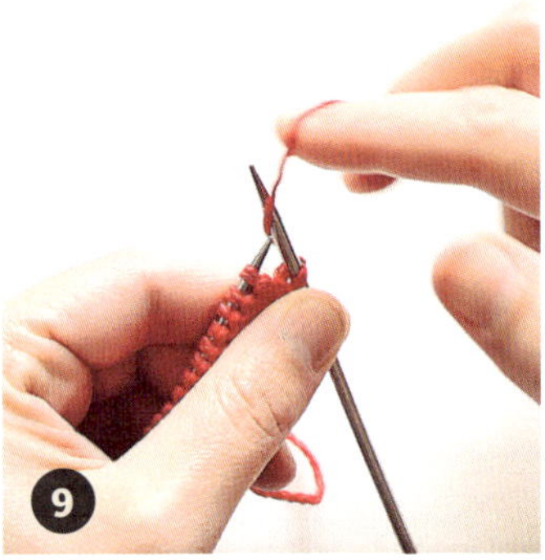

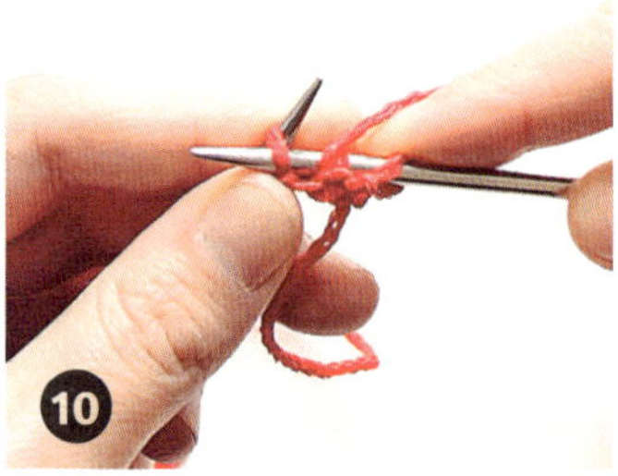

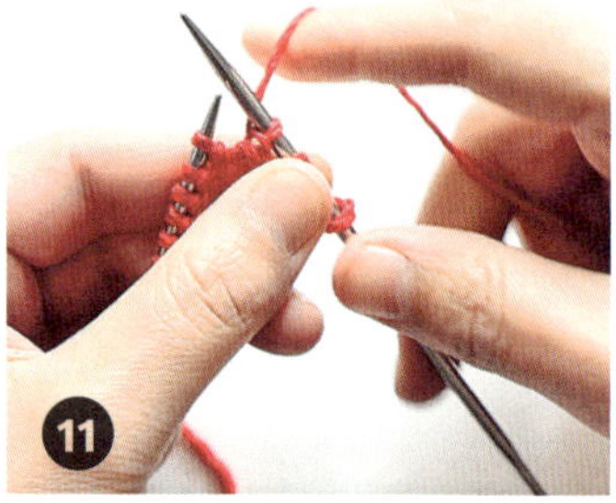

7. Veillez à ce que les mailles soient bien positionnées les unes à côté des autres sur l'aiguille, sans tourner.
8. Pour obtenir des bords bien nets, ne tricotez pas la première maille du rang, faites-la glisser sans la tricoter sur l'aiguille droite.
9. Tricotez la maille suivante à l'envers.
10-12. En suivant les explications des pages 25-28, continuez en côtes 2/2, en terminant le rang par une maille glissée.
13. Au rang suivant, tricotez les mailles comme elles se présentent. Si vous voyez un petit V, c'est une maille endroit, tricotez-la à l'endroit. Si vous voyez une petite bosse, c'est une maille envers, tricotez-la à l'envers. Répétez toujours ces deux rangs de côtes 2/2 pendant 5 cm (15 rangs).

Savoir *et retenir*

SI VOUS ÊTES PERDU, PAS DE PANIQUE ! VOUS SAVEZ DÉJÀ FAIRE TOUT CE QUI VOUS EST DEMANDÉ...
AU BESOIN, VOUS POUVEZ TOUJOURS REVOIR LES PRÉCÉDENTS PAS-À-PAS QUI ÉTAIENT BEAUCOUP PLUS DÉTAILLÉS.

MONTER LES MAILLES - P. 10

LES CÔTES 2/2 - P. 24

LE JERSEY - P. 30

Tricotez ainsi
PENDANT 15 RANGS,
soit environ 5 cm de hauteur.

Petite astuce

Vous pouvez compter les mailles au fur et à mesure que vous les montez si vous êtes seul et dans un endroit calme ! Mais, un conseil, recomptez toujours une fois que vous avez terminé, on ne sait jamais.
Vous pouvez aussi placer un anneau marqueur sur votre aiguille toutes les 20 mailles, c'est alors beaucoup plus simple à compter quand on ne sait plus où on en est !

Si vous préférez voir les explications pour suivre les étapes du dos, ce que je vous conseille, scannez ce QR CODE pour accéder à une vidéo qui vous explique tout.

2

FAIRE *une augmentation*

Attention, cette partie ne concerne que les tailles S, M et XXL.
Pour les tailles L et XL, rendez-vous page 56.

Ça y est, vous avez terminé **les 5 cm de côtes 2/2**. Encore un petit rang et vous n'aurez plus à jongler entre les mailles endroit et les mailles envers. Ouf ! Terminée la gymnastique de passer le fil devant ou derrière. Mais avant de pouvoir passer au corps du pull en jersey, il va vous falloir ajouter des mailles. Les augmentations se font en général à **une ou deux mailles du bord**, l'endroit où il faut les faire est parfois précisé dans le patron. Quand on en fait deux, on en fait une au début du rang et une à la fin du rang.

Avant de vous lancer, posez vos aiguilles et lisez la suite du patron. Vérifiez que vous avez bien compris ce qu'il faut faire.

Au dernier rang pour les tailles S et M augmentez d'1 maille de chaque côté, pour les tailles L et XL diminuez d'1 maille, et pour la taille XXL, augmentez d'1 maille. Vous obtenez 104-112-121-129-139 mailles.

Pour les tailles S et M, il faut donc tricoter le rang en côtes 2/2 tout en ajoutant une maille en début de rang et une autre en fin de rang. De cette manière, vous obtiendrez 104 mailles sur votre aiguille si vous tricotez une taille S et 112 si vous tricotez une taille M.
Pour la taille XXL, tricotez le rang en côtes 2/2 en ajoutant uniquement une maille au début du rang pour obtenir 139 mailles au total.

Un conseil, recomptez tout à la fin de ce rang pour vérifier que le compte est bon avant de passer à la suite !

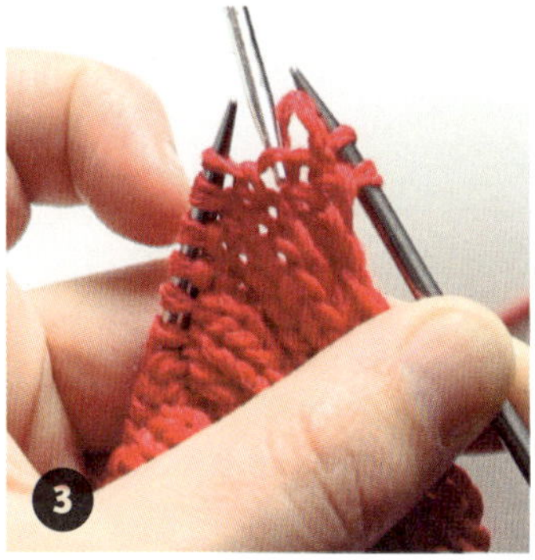

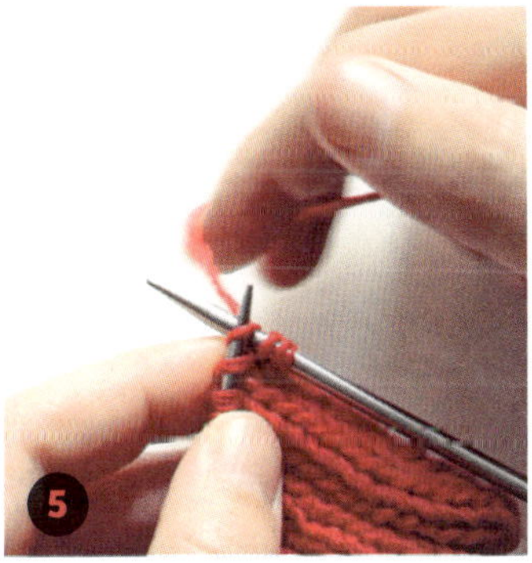

1. Commencez votre 16e rang en tricotant deux mailles à l'envers.

2. Repassez le fil derrière pour tricoter votre prochaine maille à l'endroit.

3. Repérez le fil qui relie la première maille de l'aiguille droite à la première maille de l'aiguille gauche.

4. Passez l'aiguille droite dans le petit espace sous cette maille par l'arrière. Cela crée une nouvelle maille sur l'aiguille gauche.

5. Tricotez cette maille à l'endroit. Ne vous inquiétez pas, c'est normal qu'elle soit très serrée.

6. Vous venez de faire ce que l'on appelle une augmentation inclinée à droite.

7. Continuez votre rang en tricotant les mailles comme elles se présentent, jusqu'au bout si vous faites un pull XXL. Pour les tailles S et M, arrêtez-vous deux mailles avant la fin.
8. Repérez le fil qui relie la première maille de l'aiguille droite à la première maille de l'aiguille gauche.
9. Passez l'aiguille gauche dans le petit espace sous cette maille par l'avant. Cela crée une nouvelle maille sur l'aiguille gauche.
10-12. Tricotez cette maille à l'endroit mais en passant l'aiguille droite derrière l'aiguille gauche. C'est ce qu'on appelle une maille endroit tricotée par le brin arrière.
13. Vous venez de faire ce que l'on appelle une augmentation inclinée à gauche.

Savoir *et retenir*

ICI, VOUS RÉALISEZ DES AUGMENTATIONS DITES INTERCALAIRES. C'EST SOUVENT CELLES PRÉCONISÉES POUR UN PULL CAR ELLES SONT QUASIMENT INVISIBLES. CEPENDANT, IL EST POSSIBLE D'AJOUTER DES MAILLES À LA SUITE DE VOTRE OUVRAGE. POUR CELA, IL SUFFIT DE FORMER UNE BOUCLE AVEC LE FIL ET DE GLISSER LA POINTE DE L'AIGUILLE DROITE DANS LA BOUCLE. LE RENDU SERA TOUTEFOIS « EN ESCALIER ».

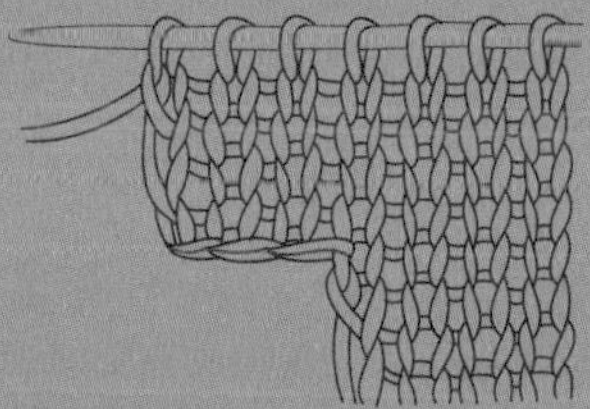

Vers la droite ou vers la gauche ?

Les augmentations donnent des mailles légèrement inclinées. L'idéal est donc d'avoir des inclinaisons symétriques lorsqu'on doit réaliser des augmentations de chaque côté d'un rang. C'est pour cette raison que la méthode change légèrement ! C'est un petit détail, mais il vous permet d'avoir de jolies finitions à votre pull.

Vous venez de finir
VOTRE 16E RANG.
Rendez-vous page 59 pour la suite !

Si vous préférez voir les explications pour réaliser une augmentation, ce que je vous conseille, scannez ce QR CODE pour accéder à une vidéo qui vous explique tout.

3

FAIRE *une diminution*

Attention, cette partie ne concerne que les tailles L et XL. Pour les tailles S, M et XXL, rendez-vous page 52.

Ça y est, vous avez terminé **les 5 cm de côtes 2/2**. Encore un petit rang et vous n'aurez plus à jongler entre les mailles endroit et les mailles envers. Ouf ! Terminée la gymnastique de passer le fil devant ou derrière. Mais avant de pouvoir passer au corps du pull en jersey, il va vous falloir supprimer une maille.

Avant de vous lancer, posez vos aiguilles et lisez la suite du patron. Vérifiez que vous avez bien compris ce qu'il faut faire.

Au dernier rang pour les tailles S et M augmentez d'1 maille de chaque côté, pour les tailles L et XL diminuez d'1 maille ; et pour la taille XXL, augmentez d'1 maille. Vous obtenez 104-112-121-129-139 mailles.

Pour les tailles L et XL, il faut donc tricoter en côtes 2/2 en supprimant une maille en début de rang. De cette manière, vous obtiendrez 121 mailles sur votre aiguille si vous tricotez une taille L et 129 si vous tricotez une taille XL.

Un conseil, recomptez tout à la fin de ce rang pour vérifier que le compte est bon avant de passer à la suite !

1. Commencez votre 16e rang en tricotant deux mailles à l'envers.

2. Repassez le fil derrière pour tricoter votre prochaine maille à l'endroit.

3. Pour faire une diminution, il suffit de tricoter deux mailles ensemble. Passez l'aiguille droite dans les deux premières mailles de l'aiguille gauche comme si elles n'étaient qu'une maille.

4. Tricotez à l'endroit comme une maille normale. Enroulez le fil autour de l'aiguille droite et relâchez la maille comme d'habitude.

5-6. Vous avez tricoté deux mailles, mais sur votre aiguille droite il n'en reste plus qu'une. Votre diminution est faite !

Savoir *et retenir*

ICI, VOUS RÉALISEZ DES DIMINUTIONS EN COURS DE RANG. C'EST SOUVENT CELLES PRÉCONISÉES POUR UN PULL CAR ELLES SONT QUASIMENT INVISIBLES.

CEPENDANT, IL EST AUSSI POSSIBLE DE DIMINUER EN RABATTANT DES MAILLES EN DÉBUT DE RANG. POUR CELA, IL SUFFIT DE RABATTRE LES PREMIÈRES MAILLES DU RANG, COMME EXPLIQUÉ PAGE 34. NE SOYEZ PAS IMPATIENT… NOUS VERRONS CELA DANS TRÈS PEU DE TEMPS !

Pensez toujours à bien recompter votre nombre de mailles après un rang contenant des augmentations ou des diminutions. Cela vous évitera les mauvaises surprises.

En cas d'erreur, vous devrez peut-être défaire vos mailles et recommencer. Ne vous découragez pas : cela arrive même aux plus expérimentés ! Rendez-vous page 42 pour découvrir comment faire.

Terminez

VOTRE 16E RANG

en tricotant les mailles comme elles se présentent.

Si vous préférez voir les explications pour réaliser une diminution, ce que je vous conseille, scannez ce QR CODE pour accéder à une vidéo qui vous explique tout.

4

FAIRE *des rayures*

Vous venez de terminer la première partie du dos de votre pull ! À partir de maintenant, **vous ne tricoterez plus qu'en jersey** pour un long moment. Pas de difficulté majeure donc, sauf peut-être **les rayures** ! Si cette petite contrainte vous effraie, vous pouvez aussi réaliser un pull uni pour commencer. Dans ce cas, tricotez l'intégralité de votre pull de la même couleur.

Avant de se lancer, revenons à ce que précise le patron.

Continuez avec les aiguilles n° 4 et tricotez en jersey en changeant de couleur tous les 4 rangs pour former les rayures.

Première étape donc, passer aux aiguilles de taille 4. Pour cela, pas besoin de déplacer toutes les mailles sur une aiguille plus grande avant de les tricoter. Il suffit de tricoter le prochain rang à l'endroit avec une aiguille n° 4. Le temps d'un rang, vous tricotez donc avec une aiguille n° 3,5 dans la main gauche et une aiguille n° 4 dans la main droite.

A la fin de ce premier rang, vous pouvez ranger vos aiguilles n° 3,5, qui ne vous serviront plus pour le dos.

Si vous préférez voir les explications pour mieux comprendre comment changer de taille d'aiguille et de couleur de laine, ce que je vous conseille, scannez ce QR CODE pour accéder à une vidéo qui vous explique tout.

4 *Faire des rayures*

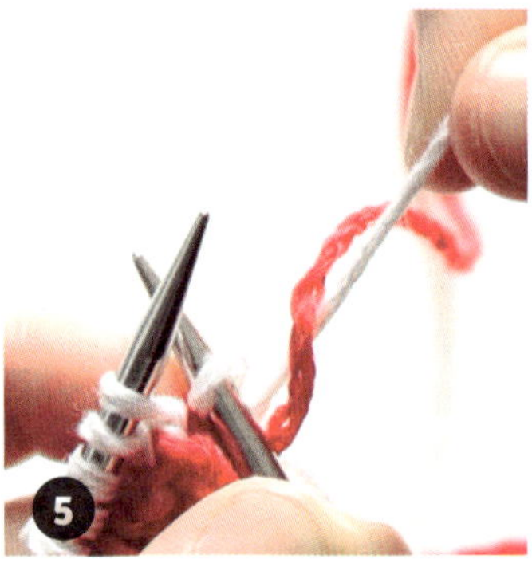

1. Piquez une aiguille n° 4 dans la première maille et faites glisser la maille sur l'aiguille.
2. Piquez dans la deuxième maille pour la tricoter à l'endroit. Laissez le fil Géranium de côté et enroulez le fil Mélisse autour de votre aiguille droite.
3-4. Sortez la maille et continuez à tricoter ce rang en mailles endroit avec le fil Mélisse. N'oubliez pas de glisser la dernière maille sans la tricoter.
5-6. Avant de commencer le 3e rang blanc, passez le fil rouge au-dessus du fil blanc. Continuez à tricoter normalement. Après quelques rangs, vous verrez que le fil rouge est pris dans la bordure blanche tous les deux rangs.

Savoir *et retenir*

POUR FORMER VOS RAYURES, ALTERNEZ TOUJOURS QUATRE RANGS EN COLORIS MÉLISSE ET QUATRE RANGS EN COLORIS GÉRANIUM.

SI VOUS NE FAITES AUCUNE MANIPULATION SPÉCIALE EN PASSANT D'UNE COULEUR À L'AUTRE, VOTRE FIL GÉRANIUM VA LONGER LES QUATRE RANGS DE LA RAYURE MÉLISSE LIBREMENT. RIEN DE GRAVE, MAIS CE SERA JUSTE BEAUCOUP MOINS FACILE À ASSEMBLER.

Continuez en jersey rayé
JUSQU'À ATTEINDRE 40, 41, 42 OU 43 CM
de hauteur selon la taille que vous avez choisie.

Plus de fil ?

Je vous conseille de toujours commencer une nouvelle pelote au début d'un nouveau rang. La manipulation est très facile puisque c'est exactement la même qu'au premier changement de couleur. Si vous le faites au beau milieu d'un rang, cela peut rester visible et gâcher le rendu de votre travail. Donc si vous voyez que vous n'aurez pas assez de fil pour finir un rang, ne réfléchissez pas et attaquez une nouvelle pelote !

Si vous préférez voir les explications pour réaliser de jolies bordures avec des rayures, ce que je vous conseille, scannez ce QR CODE pour accéder à une vidéo qui vous explique tout.

5

TRICOTER
les épaules et l'encolure

Vous allez maintenant découvrir ce que j'appellerais la partie « ingrate » de certains patrons de tricot, à savoir **les explications de diminutions ou de rabat de mailles quand ils sont réguliers**. Plutôt que de détailler les manœuvres à effectuer rang par rang pour chaque taille, certains patrons concentrent les explications à tel point que cela peut être intimidant la première fois. C'est le cas de notre patron, c'est pourquoi je vous propose ici de **traduire ce petit charabia technique**.

Avant de vous lancer dans la formation des épaules et de l'encolure, posez vos aiguilles et lisez la suite du patron.

À 40-41-41-42-43 cm (114-118-118-120-122 rangs) de hauteur totale, glissez un anneau marqueur dans la première et la dernière maille pour marquer le début des emmanchures (voir croquis) et continuez en jersey rayé.

Cette étape consiste simplement à placer un anneau marqueur aux deux bords du rang indiqué dans le patron afin de marquer le futur bas des emmanchures. Tricotez ce rang et, une fois terminé, placez vos anneaux marqueurs détachables dans la première et dans la dernière maille du rang.

Si vous préférez voir les explications pour mieux comprendre comment placer un anneau marqueur, ce que je vous conseille, scannez ce QR CODE pour accéder à une vidéo qui vous explique tout.

Ce que dit *le patron*

À 60-62-64-66-68 cm (170-176-182-186-192 rangs) de hauteur totale, pour les épaules rabattez de chaque côté tous les deux rangs :

S : 1 × 8 mailles, 3 × 9 mailles,
M : 2 × 9 mailles, 2 × 10 mailles,
L : 2 × 10 mailles, 2 × 11 mailles,
XL : 3 × 11 mailles, 1 × 12 mailles,
XXL : 3 × 12 mailles, 1 × 13 mailles,

En même temps que la 1re diminution d'épaule, pour l'encolure rabattez les 24-26-27-29-31 mailles centrales, puis continuez chaque côté séparément en rabattant côté encolure tous les deux rangs 1 × 3 mailles, 1 × 2 mailles.

Ce qu'il faut *comprendre*

À partir de cette étape, nous allons rabattre des mailles pour séparer les deux épaules et en même temps former le futur col. Il va donc falloir rabattre des mailles, tricoter normalement, rabattre des mailles, tricoter normalement et rabattre une dernière fois des mailles.

On ne peut rabattre des mailles qu'en début de rang, on va donc le faire tous les deux rangs. Ainsi, on ne commence à tricoter côté épaule qu'une fois sur deux. Il est précisé de chaque côté car la manœuvre sera à faire d'abord pour l'épaule gauche puis pour l'épaule droite.

Le plus simple est de réaliser un petit croquis de ce qui vous attend. On réfléchit et on écrit tout ça une bonne fois pour toutes et on peut ensuite se remettre au tricot. Prenons ici l'exemple de la taille S avec normalement 104 mailles sur l'aiguille.

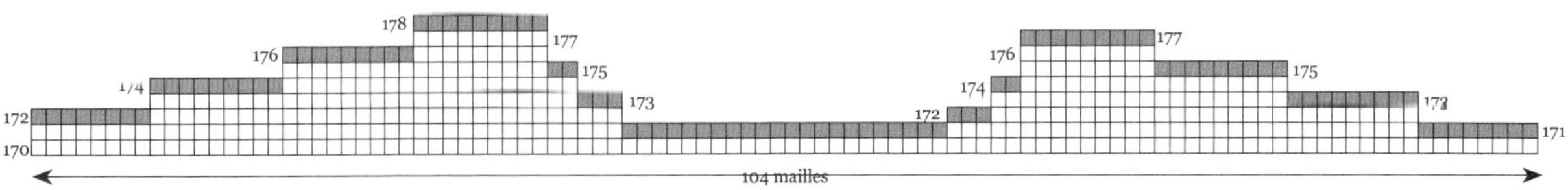

Chaque case représente une maille et chaque ligne un rang. Les cases colorées correspondent aux mailles à rabattre. Ici 1 × 8 mailles puis 3 × 9 mailles de chaque côté pour les épaules et en même temps 24 mailles centrales puis 1 × 3 mailles et 1 × 2 mailles.

Ce qu'il faut *faire*

TAILLE S

Tricotez en jersey rayé en suivant les explications des pages 59-61 jusqu'à atteindre 60 cm de hauteur (169 rangs).
Rang 170. Tricotez un rang envers.
Rang 171. Rabattez 8 m, tricotez 32 m endroit, rabattez 24 m, tricotez 40 m endroit.

Laissez en attente le côté droit et continuez l'épaule gauche en jersey rayé.

Rang 172. Rabattez 8 m au début du rang.
Rang 173. Rabattez 3 m au début du rang.
Rang 174. Rabattez 9 m au début du rang.
Rang 175. Rabattez 2 m au début du rang.
Rang 176. Rabattez 9 m au début du rang.
Rang 177. Tricotez un rang endroit.
Rang 178. Rabattez les 9 m restantes à l'envers.

Vous avez terminé, passez à l'épaule droite en reprenant le jersey par un rang envers et en repartant du côté de l'encolure.

Rang 172. Rabattez 3 m au début du rang.
Rang 173. Rabattez 9 m au début du rang.
Rang 174. Rabattez 2 m au début du rang.
Rang 175. Rabattez 9 m au début du rang.
Rang 176. Tricotez un rang envers.
Rang 177. Rabattez les 9 m restantes à l'endroit.

TAILLE M

Tricotez en jersey rayé en suivant les explications des pages 59-61 jusqu'à atteindre 62 cm de hauteur (175 rangs).
Rang 176. Tricotez un rang envers.
Rang 177. Rabattez 9 m, tricotez 34 m endroit, rabattez 26 m, tricotez 43 m endroit.

Laissez en attente le côté droit et continuez l'épaule gauche en jersey rayé.

Rang 178. Rabattez 9 m au début du rang.
Rang 179. Rabattez 3 m au début du rang.
Rang 180. Rabattez 10 m au début du rang.
Rang 181. Rabattez 2 m au début du rang.
Rang 182. Rabattez 10 m au début du rang.
Rang 183. Tricotez un rang endroit.
Rang 184. Rabattez les 9 m restantes à l'envers.

Vous avez terminé, passez à l'épaule droite en reprenant le jersey par un rang envers et en repartant du côté de l'encolure.

Rang 178. Rabattez 3 m au début du rang.
Rang 179. Rabattez 10 m au début du rang.
Rang 180. Rabattez 2 m au début du rang.
Rang 181. Rabattez 10 m au début du rang.
Rang 182. Tricotez un rang envers.
Rang 183. Rabattez les 9 m restantes à l'endroit.

TAILLE L

Tricotez en jersey rayé en suivant les explications des pages 59-61 jusqu'à atteindre 64 cm de hauteur (181 rangs).
Rang 182. Tricotez un rang envers.
Rang 183. Rabattez 10 m, tricotez 37 m endroit, rabattez 27 m, tricotez 47 m endroit.

Laissez en attente le côté droit et continuez l'épaule gauche en jersey rayé.

Rang 184. Rabattez 10 m au début du rang.
Rang 185. Rabattez 3 m au début du rang.
Rang 186. Rabattez 10 m au début du rang.
Rang 187. Rabattez 2 m au début du rang.
Rang 188. Rabattez 11 m au début du rang.
Rang 189. Tricotez un rang endroit.
Rang 190. Rabattez les 11 m restantes envers.

Vous avez terminé, passez à l'épaule droite en reprenant le jersey par un rang envers et en repartant du côté de l'encolure.

Rang 184. Rabattez 3 m au début du rang.
Rang 185. Rabattez 10 m au début du rang.
Rang 186. Rabattez 2 m au début du rang.
Rang 187. Rabattez 11 m au début du rang.
Rang 188. Tricotez un rang envers.
Rang 189. Rabattez les 11 m restantes à l'endroit.

TAILLE XL

Tricotez en jersey rayé en suivant les explications des pages 59-61 jusqu'à atteindre 66 cm de hauteur (165 rangs).
Rang 186. Tricotez un rang envers.
Rang 187. Rabattez 11 m, tricotez 39 m endroit, rabattez 29 m, tricotez 50 m endroit.

Laissez en attente le côté droit et continuez l'épaule gauche en jersey rayé.

Rang 188. Rabattez 11 m au début du rang.
Rang 189. Rabattez 3 m au début du rang.
Rang 190. Rabattez 11 m au début du rang.
Rang 191. Rabattez 2 m au début du rang.
Rang 192. Rabattez 11 m au début du rang.
Rang 193. Tricotez un rang endroit.
Rang 194. Rabattez les 12 m restantes à l'envers.

Vous avez terminé, passez à l'épaule droite en reprenant le jersey par un rang envers et en repartant du côté de l'encolure.

Rang 188. Rabattez 3 m au début du rang.
Rang 189. Rabattez 11 m au début du rang.
Rang 190. Rabattez 2 m au début du rang.
Rang 191. Rabattez 11 m au début du rang.
Rang 192. Tricotez un rang envers.
Rang 193. Rabattez les 12 m restantes à l'endroit.

TAILLE XXL

Tricotez en jersey rayé en suivant les explications des pages 59-61 jusqu'à atteindre 68 cm de hauteur (191 rangs).
Rang 192. Tricotez un rang envers.
Rang 193. Rabattez 12 m, tricotez 42 m endroit, rabattez 31 m, tricotez 54 m endroit.

Laissez en attente le côté droit et continuez l'épaule gauche en jersey rayé.

Rang 194. Rabattez 12 m au début du rang.
Rang 195. Rabattez 3 m au début du rang.
Rang 196. Rabattez 12 m au début du rang.
Rang 197. Rabattez 2 m au début du rang.
Rang 198. Rabattez 12 m au début du rang.
Rang 199. Tricotez un rang endroit.
Rang 200. Rabattez les 13 m restantes à l'envers.

Vous avez terminé, passez à l'épaule droite en reprenant le jersey par un rang envers et en repartant du côté de l'encolure.

Rang 194. Rabattez 3 m au début du rang.
Rang 195. Rabattez 12 m au début du rang.
Rang 196. Rabattez 2 m au début du rang.
Rang 197. Rabattez 12 m au début du rang.
Rang 198. Tricotez un rang envers.
Rang 199. Rabattez les 13 m restantes à l'endroit.

Et les rayures ?

Je n'en reparle pas ici mais il faut continuer vos rayures en changeant de couleur tous les 4 rangs. Mais ça, vous le faites les yeux fermés...

VOUS AVEZ TERMINÉ LE DOS DE VOTRE PULL.

Et bonne nouvelle, pour faire e devant, c'est presque pareil !

Si vous préférez voir les explications pour réaliser les épaules et l'encolure, ce que je vous conseille, scannez ces QR CODES pour accéder à deux vidéos qui vous expliquent tout.

6

TRICOTER *le devant*

Passons maintenant à la réalisation du devant. Pendant les trois quarts de cette pièce, c'est très facile, **vous refaites exactement la même chose que pour le dos**. Même nombre de mailles à monter, mêmes côtes et augmentations (ou diminutions), mêmes rayures et mêmes marqueurs aux emmanchures. **Vous pouvez donc repartir de l'étape 1 au besoin.**

Ce qui va changer cependant, ce sont les emmanchures et le col. La technique sera identique à ce que vous avez fait pour le dos, mais le nombre de mailles sera différent. **C'est à partir de ce moment que nous reprenons donc les explications.**

Pas facile de s'y retrouver avec tous ces rangs, surtout quand on ne tricote pas tout d'un coup. Une petite pause et c'est la catastrophe ! Vous ne savez plus où vous en étiez...

Une astuce : marquez les rangs que vous avez réalisés au fur et à mesure. Une simple petite marque au crayon à papier vous permettra de barrer les rangs réalisés et de tout de suite savoir où vous en êtes. Ça semble bête mais je vous garantis que cela peut vous faire gagner beaucoup de temps !

Ce que dit *le patron*

Tricotez comme pour le dos jusqu'aux emmanchures. Posez des anneaux marqueurs, comme au dos, puis continuez le jersey endroit rayé.

À 52-54-56-58-60 cm (148-154-160-164-170 rangs) de hauteur totale, vous allez rabattre les 12-14-15-17-19 mailles centrales, puis continuer chaque côté séparément en rabattant côté encolure tous les 2 rangs 1 × 3 mailles, 1 × 2 mailles, 6 × 1 maille.

En même temps, rabattre les épaules comme au dos.

Ce qu'il faut *comprendre*

Comme pour le dos, nous allons tricoter les épaules du devant l'une après l'autre. Une fois les épaules séparées, vous rabattrez donc le nombre de mailles indiqué seulement quand vous commencez un rang.

Le plus simple reste toujours de réaliser un petit croquis de ce qui vous attend. On réfléchit et on écrit tout ça une bonne fois pour toutes et on peut ensuite se remettre au tricot. Prenons ici l'exemple de la taille S avec normalement 104 mailles sur l'aiguille.

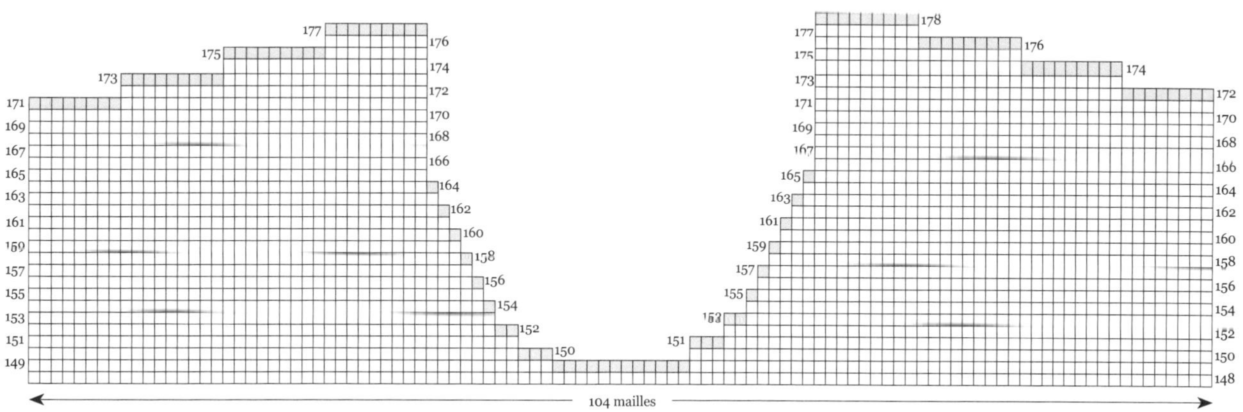

Chaque case représente une maille et chaque ligne un rang. Les cases colorées correspondent aux mailles à rabattre. Ici 1 × 3 mailles, 1 × 2 mailles et 6 × 1 maille de chaque côté pour l'encolure puis à partir du rang 171, 1 × 8 mailles et 3 × 9 mailles de chaque côté pour les épaules.

Ce qu'il faut *faire*

TAILLE S

Montez 102 m et tricotez 15 rangs en côtes 2/2 avec les aiguilles n° 3,5.
Rang 16. Tricotez 2 m endroit, 1 augmentation, 100 m comme elles se présentent, 1 augmentation et terminez par 2 m endroit.
Rangs 17 à 114. Tricotez en jersey rayé avec les aiguilles n° 4.
Rang 115. Glissez un anneau marqueur de chaque côté et continuez en jersey rayé jusqu'au rang 148.
Rang 149. Tricotez 46 m endroit, rabattez 12 m et tricotez 46 m endroit.

Laissez en attente le côté gauche et continuez l'épaule droite en jersey rayé.

Rangs 150, 152, 154, 156, 158, 160, 162, 164. Tricotez un rang envers.
Rang 151. Rabattez 3 m en début de rang.
Rang 153. Rabattez 2 m en début de rang.
Rangs 155, 157, 159, 161, 163, 165. Rabattez 1 m en début de rang.
Rangs 166 à 171. Continuez en jersey en commençant par un rang envers.
Rang 172. Rabattez 8 m en début de rang.
Rangs 173, 175, 177. Tricotez un rang endroit.
Rangs 174 et 176. Rabattez 9 m en début de rang.
Rang 178. Rabattez les 9 m restantes à l'envers

Le côté droit est terminé. Passez à l'épaule gauche en reprenant le jersey par un rang envers et en repartant du côté de l'encolure.

Rang 150. Rabattez 3 m en début de rang.
Rangs 151, 153, 155, 157, 159, 160, 161, 163. Tricotez un rang endroit.
Rang 152. Rabattez 2 m en début de rang.
Rangs 154, 156, 158, 160, 162, 164. Rabattez 1 m en début de rang.
Rangs 165 à 170. Continuez en jersey en commençant par un rang endroit.
Rang 171. Rabattez 8 m en début de rang.
Rangs 172, 174 et 176. Tricotez un rang envers.
Rangs 173 et 175 . Rabattez 9 m en début de rang.
Rang 177. Rabattez les 9 m restantes à l'endroit.

TAILLE M

Montez 110 m et tricotez 15 rangs en côtes 2/2 avec les aiguilles n° 3,5.
Rang 16. Tricotez 2 m endroit, 1 augmentation, 108 m comme elles se présentent, 1 augmentation et terminez par 2 m endroit.
Rangs 17 à 118. Tricotez en jersey rayé avec les aiguilles n° 4.
Rang 119. Glissez un anneau marqueur de chaque côté et continuez en jersey rayé jusqu'au rang 154.
Rang 155. Tricotez 49 m endroit, rabattez 14 m et tricotez 49 m endroit.

Laissez en attente le côté gauche et continuez l'épaule droite en jersey rayé.

Rangs 156, 158, 160, 162, 164, 166, 168, 170. Tricotez un rang envers.
Rang 157. Rabattez 3 m en début de rang.
Rang 159. Rabattez 2 m en début de rang.
Rangs 161, 163, 165, 167, 169, 171. Rabattez 1 m en début de rang.
Rangs 172 à 177. Continuez en jersey en commençant par un rang envers.
Rangs 178 et 180. Rabattez 9 m en début de rang.
Rangs 179, 181, 183. Tricotez un rang endroit.
Rang 182. Rabattez 10 m en début de rang.
Rang 184. Rabattez les 10 m restantes à l'envers

Le côté droit est terminé. Passez à l'épaule gauche en reprenant le jersey par un rang envers et en repartant du côté de l'encolure.

Rang 156. Rabattez 3 m en début de rang.
Rangs 157, 159, 161, 163, 165, 167, 169. Tricotez un rang endroit.
Rang 158. Rabattez 2 m en début de rang.
Rangs 160, 162, 164, 166, 168, 170. Rabattez 1 m en début de rang.
Rangs 171 à 176. Continuez en jersey en commençant par un rang endroit.
Rangs 177 et 179. Rabattez 9 m en début de rang.
Rangs 178, 180, 182. Tricotez un rang à l'envers.
Rang 181. Rabattez 10 m en début de rang.
Rang 183. Rabattez les 10 m restantes à l'endroit.

TAILLE L

Montez 122 m et tricotez 15 rangs en côtes 2/2 avec les aiguilles n° 3,5.

Rang 16. Tricotez 2 m endroit, 1 diminution, tricotez les m comme elles se présentent jusqu'à la fin du rang

Rangs 17 à 118. Tricotez en jersey rayé avec les aiguilles n° 4.

Rang 119. Glissez un anneau marqueur de chaque côté et continuez en jersey rayé jusqu'au rang 160.

Rang 161. Tricotez 53 m endroit, rabattez 15 m et tricotez 54 m endroit.

Laissez en attente le côté gauche et continuez l'épaule droite en jersey rayé.

Rangs 162, 164, 166, 168, 170, 172, 174, 176. Tricotez un rang envers.

Rang 163. Rabattez 3 m en début de rang.

Rang 165. Rabattez 2 m en début de rang.

Rangs 167, 169, 171, 173, 175, 177. Rabattez 1 m en début de rang.

Rangs 178 à 183. Continuez en jersey en commençant par un rang envers.

Rangs 184 et 186. Rabattez 10 m en début de rang.

Rangs 185, 187, 189. Tricotez un rang endroit.

Rang 188. Rabattez 11 m en début de rang.

Rang 190. Rabattez les 11 m restantes à l'envers

Le côté droit est terminé. Passez à l'épaule gauche en reprenant le jersey par un rang envers et en repartant du côté de l'encolure.

Rang 162. Rabattez 3 m en début de rang.

Rangs 163, 165, 167, 169, 171, 173, 175. Tricotez un rang endroit.

Rang 164. Rabattez 2 m en début de rang.

Rangs 166, 168, 170, 172, 174, 176. Rabattez 1 m en début de rang.

Rangs 177 à 182. Continuez en jersey en commençant par un rang endroit.

Rangs 183 et 185. Rabattez 10 m en début de rang.

Rangs 184, 186, 188. Tricotez un rang envers.

Rang 187 . Rabattez 11 m en début de rang.

Rang 189. Rabattez les 11 m restantes à l'endroit.

TAILLE XL

Montez 130 m et tricotez 15 rangs en côtes 2/2 avec les aiguilles n° 3,5.

Rang 16. Tricotez 2 m endroit, 1 diminution, tricotez les m comme elles se présentent jusqu'à la fin du rang

Rangs 17 à 120. Tricotez en jersey rayé avec les aiguilles n° 4.

Rang 121. Glissez un anneau marqueur de chaque côté et continuez en jersey rayé jusqu'au rang 164.

Rang 165. Tricotez 56 m endroit, rabattez 17 m et tricotez 56 m endroit.

Laissez en attente le côté gauche et continuez l'épaule droite en jersey rayé.

Rangs 166, 168, 170, 172, 174, 176, 178, 180. Tricotez un rang envers.

Rang 167. Rabattez 3 m en début de rang.

Rang 169. Rabattez 2 m en début de rang.

Rangs 171, 173, 175, 177, 179, 181. Rabattez 1 m en début de rang.

Rangs 182 à 187. Continuez en jersey en commençant par un rang envers.

Rangs 188, 190, 192. Rabattez 11 m en début de rang.

Rangs 189, 191, 193. Tricotez un rang endroit.

Rang 194. Rabattez les 12 m restantes à l'envers

Le côté droit est terminé. Passez à l'épaule gauche en reprenant le jersey par un rang envers et en repartant du côté de l'encolure.

Rang 166. Rabattez 3 m en début de rang.

Rangs 167, 169, 171, 173, 175, 177, 179. Tricotez un rang endroit.

Rang 168. Rabattez 2 m en début de rang.

Rangs 170, 172, 174, 176, 178, 180. Rabattez 1 m en début de rang.

Rangs 181 à 186. Continuez en jersey en commençant par un rang endroit.

Rangs 187, 189, 191. Rabattez 11 m en début de rang.

Rangs 188, 190, 192. Tricotez un rang envers.

Rang 193. Rabattez les 12 m restantes à l'endroit.

TAILLE XXL

Montez 138 m et tricotez 15 rangs en côtes 2/2 avec les aiguilles n° 3,5.
Rang 16. Tricotez 2 m endroit, 1 augmentation, tricotez les m comme elles se présentent jusqu'à la fin du rang
Rangs 17 à 122. Tricotez en jersey rayé avec les aiguilles n° 4.
Rang 121. Glissez un anneau marqueur de chaque côté et continuez en jersey rayé jusqu'au rang 170.
Rang 171. Tricotez 60 m endroit, rabattez 19 m et tricotez 60 m endroit.

Laissez en attente le côté gauche et continuez l'épaule droite en jersey rayé.

Rangs 172, 174, 176, 178, 180, 182, 184, 186. Tricotez un rang envers.
Rang 183. Rabattez 3 m en début de rang.
Rang 185. Rabattez 2 m en début de rang.
Rangs 187, 189, 171, 173, 175, 177. Rabattez 1 m en début de rang.
Rangs 188 à 193. Continuez en jersey en commençant par un rang envers.
Rangs 194, 196, 198. Rabattez 12 m en début de rang.
Rangs 195, 197, 199. Tricotez un rang endroit.
Rang 200. Rabattez les 13 m restantes à l'envers

Le côté droit est terminé. Passez à l'épaule gauche en reprenant le jersey par un rang envers et en repartant du côté de l'encolure.

Rang 172. Rabattez 3 m en début de rang.
Rangs 173, 175, 177, 179, 181, 183, 185. Tricotez un rang endroit.
Rang 174. Rabattez 2 m en début de rang.
Rangs 176, 178, 180, 182, 184, 186. Rabattez 1 m en début de rang.
Rangs 187 à 192. Continuez en jersey en commençant par un rang envers.
Rangs 193, 195, 197. Rabattez 12 m en début de rang.
Rangs 194, 196, 198. Tricotez un rang envers.
Rang 199. Rabattez les 13 m restantes à l'endroit.

Vous avez certainement remarqué que la plupart des tutos utilisent des abréviations. C'est une convention internationale qui permet d'alléger la densité des textes.

aig = aiguille
ann = anneau
aug = augmenter
dim = diminuer
m = maille

m end = maille endroit
m env = maille envers
rab = rabattre
rg = rang

Savoir *et retenir*

RABATTRE LES MAILLES POUR LE COL ET LES ÉPAULES, C'EST LE MOMENT UN PEU COMPLIQUÉ DU PATRON.

POSEZ-VOUS UN INSTANT ET DÉCRYPTEZ LES INDICATIONS À L'AIDE D'UN CARNET. FAITES UN SCHÉMA OU DÉTAILLEZ SIMPLEMENT LES RANGS. CELA VOUS PERMETTRA DE VÉRIFIER QUE VOUS AVEZ BIEN TOUT COMPRIS ET QUE VOUS RETOMBEZ SUR VOS PIEDS À LA FIN. EN EFFET, S'IL VOUS RESTE DES MAILLES SUR L'AIGUILLE, C'EST QU'IL Y A UNE ERREUR DANS VOS CALCULS.

Et voilà ! Vous avez terminé

LE DEVANT DU PULL !

Il ne vous reste plus que les manches...

Bien placer les mailles centrales

Pour rabattre des mailles centrales, gardez en tête un petit calcul tout simple. Prenez le nombre de mailles sur votre aiguille, retirez le nombre de mailles à rabattre et divisez le résultat par 2. Vous saurez ainsi combien de mailles il faut tricoter avant et après les mailles centrales rabattues. Ainsi vous êtes certain que les mailles rabattues de votre future encolure seront bien au milieu de votre pull.

Si vous préférez voir les explications pour réaliser le devant, ce que je vous conseille, scannez ce QR CODE pour accéder à une vidéo qui vous explique tout.

7

TRICOTER *les manches*

Pour commencer les manches, **c'est le même principe que pour le devant et le dos**, c'est-à-dire qu'il faut monter des mailles avec des aiguilles n° 3,5, faire des côtes 2/2 pendant 15 rangs puis procéder à des augmentations ou des diminutions. Bref, vous savez faire maintenant !

Si jamais vous avez besoin de vous rafraîchir la mémoire pour **les augmentations, rdv p. 52, et pour les diminutions on se retrouve p. 56.**

Avant de vous lancer, lisez attentivement le patron. Celui-ci indique :

Montez 46-46-50-50-54 mailles dans le coloris Géranium avec les aiguilles n° 3,5. Tricotez 5 cm (16 rangs) en côtes 2/2, mais au dernier rang pour S et M augmentez d'1 maille de chaque côté, pour L et XXL diminuez d'1 maille, pour XL augmentez d'1 maille (= 48-48-49-51-53 mailles).

Jusqu'ici c'est normalement du gâteau pour vous après tout ce que vous avez déjà réalisé. Mais à partir de la fin des côtes 2/2, vous devrez réaliser des augmentations régulières pour donner sa forme à la manche.

Ce que dit *le patron*

Continuez avec les aiguilles n°4 et tricotez en jersey en changeant de couleur tous les 4 rangs pour former les rayures et en augmentant de chaque côté à 2 mailles du bord :

S : 6 × 1 maille tous les 8 rangs, 10 × 1 maille tous les 6 rangs.
M : 3 × 1 maille tous les 8 rangs, 14 × 1 maille tous les 6 rangs.
L : 14 × 1 maille tous les 6 rangs, 6 × 1 maille tous les 4 rangs.
XL : 12 × 1 maille tous les 6 rangs, 9 × 1 maille tous les 4 rangs.
XXL : 10 × 1 maille tous les 6 rangs, 12 × 1 maille tous les 4 rangs.

Continuez sur les 78-82-89-93-97 mailles obtenues. À 47 cm (132 rangs) de hauteur totale, laissez les mailles en attente.

Ce qu'il faut *comprendre*

Comme le précise le patron, les augmentations sont à faire deux mailles de chaque bord, de chaque côté. Comme on tricote les deux côtés de la manche en un seul morceau (contrairement aux épaules où nous avons d'abord fait la droite puis la gauche), il va falloir doubler chaque augmentation donnée pour la faire une fois à droite et une fois à gauche.

Comme les augmentations se font sur des rangs endroit, les rangs où vous devez faire les augmentations seront toujours des rangs pairs. Il donc impératif de faire le premier rang après les côtes en mailles envers pour que cela fonctionne.

Dernière chose, le patron ne le précise pas mais vous devez bien sûr continuer à glisser les premières et dernières mailles des rangs endroit sans les tricoter pour conserver de belles bordures. Mais ça, vous le faites systématiquement depuis le début de votre ouvrage…

Ce qu'il faut *faire*

TAILLE S

Commencez à compter les rangs après les côtes. Les rangs non indiqués se tricotent normalement : rangs pairs à l'endroit et impairs à l'envers. Les rangs indiqués sont ceux des séries d'augmentations.

Faites les 6 séries de 1 augmentation de chaque côté tous les 8 rangs.

Rang 1 après les côtes. Tricotez un rang envers.
Rang 2. Glissez la 1re m, tricotez 1 m endroit, 1 augmentation, 44 m endroit, 1 augmentation, 1 m endroit et glissez la dernière m.
Rang 10. Glissez la 1re m, tricotez 1 m endroit, 1 augmentation, 46 m endroit, 1 augmentation, 1 m endroit et glissez la dernière m.
Rang 18. Glissez la 1re m, tricotez 1 m endroit, 1 augmentation, 48 m endroit, 1 augmentation, 1 m endroit et glissez la dernière m.
Rang 26. Glissez la 1re m, tricotez 1 m endroit, 1 augmentation, 50 m endroit, 1 augmentation, 1 m endroit et glissez la dernière m.
Rang 34. Glissez la 1re m, tricotez 1 m endroit, 1 augmentation, 52 m endroit, 1 augmentation, 1 m endroit et glissez la dernière m.
Rang 42. Glissez la 1re m, tricotez 1 m endroit, 1 augmentation, 54 m endroit, 1 augmentation, 1 m endroit et glissez la dernière m.

Faites ensuite les 10 séries de 1 augmentation de chaque côté tous les 6 rangs.

Rang 50. Glissez la 1re m, tricotez 1 m endroit, 1 augmentation, 56 m endroit, 1 augmentation, 1 m endroit et glissez la dernière m.
Rang 56. Glissez la 1re m, tricotez 1 m endroit, 1 augmentation, 58 m endroit, 1 augmentation, 1 m endroit et glissez la dernière m.
Rang 62. Glissez la 1re m, tricotez 1 m endroit, 1 augmentation, 60 m endroit, 1 augmentation, 1 m endroit et glissez la dernière m.
Rang 68. Glissez la 1re m, tricotez 1 m endroit, 1 augmentation, 62 m endroit, 1 augmentation, 1 m endroit et glissez la dernière m.
Rang 74. Glissez la 1re m, tricotez 1 m endroit, 1 augmentation, 64 m endroit, 1 augmentation, 1 m endroit et glissez la dernière m.
Rang 80. Glissez la 1re m, tricotez 1 m endroit, 1 augmentation, 66 m endroit, 1 augmentation, 1 m endroit et glissez la dernière m.
Rang 86. Glissez la 1re m, tricotez 1 m endroit, 1 augmentation, 68 m endroit, 1 augmentation, 1 m endroit et glissez la dernière m.
Rang 92. Glissez la 1re m, tricotez 1 m endroit, 1 augmentation, 70 m endroit, 1 augmentation, 1 m endroit et glissez la dernière m.
Rang 98. Glissez la 1re m, tricotez 1 m endroit, 1 augmentation, 72 m endroit, 1 augmentation, 1 m endroit et glissez la dernière m.
Rang 104. Glissez la 1re m, tricotez 1 m endroit, 1 augmentation, 74 m endroit, 1 augmentation, 1 m endroit et glissez la dernière m.

Tricotez en jersey rayé jusqu'à 47 cm de hauteur totale (132 rangs) et rabattez les mailles.

TAILLE M

Commencez à compter les rangs après les côtes. Les rangs non indiqués se tricotent normalement : rangs pairs à l'endroit et impairs à l'envers. Les rangs indiqués sont ceux des séries d'augmentations.

Faites les 3 séries de 1 augmentation de chaque côté tous les 8 rangs.

Rang 1 après les côtes. Tricotez un rang envers.
Rang 2. Glissez la 1re m, tricotez 1 m endroit, 1 augmentation, 44 m endroit, 1 augmentation, 1 m endroit et glissez la dernière m.
Rang 10. Glissez la 1re m, tricotez 1 m endroit, 1 augmentation, 46 m endroit, 1 augmentation, 1 m endroit et glissez la dernière m.
Rang 18. Glissez la 1re m, tricotez 1 m endroit, 1 augmentation, 48 m endroit, 1 augmentation, 1 m endroit et glissez la dernière m.

Continuez avec les 14 séries de 1 augmentation de chaque côté tous les 6 rangs

Rang 26. Glissez la 1re m, tricotez 1 m endroit, 1 augmentation, 50 m endroit, 1 augmentation, 1 m endroit et glissez la dernière m.
Rang 32. Glissez la 1re m, tricotez 1 m endroit, 1 augmentation, 52 m endroit, 1 augmentation, 1 m endroit et glissez la dernière m.
Rang 38. Glissez la 1re m, tricotez 1 m endroit, 1 augmentation, 54 m endroit, 1 augmentation, 1 m endroit et glissez la dernière m.
Rang 44. Glissez la 1re m, tricotez 1 m endroit, 1 augmentation, 56 m endroit, 1 augmentation, 1 m endroit et glissez la dernière m.
Rang 50. Glissez la 1re m, tricotez 1 m endroit, 1 augmentation, 58 m endroit, 1 augmentation, 1 m endroit et glissez la dernière m.
Rang 56. Glissez la 1re m, tricotez 1 m endroit, 1 augmentation, 60 m endroit, 1 augmentation, 1 m endroit et glissez la dernière m.
Rang 62. Glissez la 1re m, tricotez 1 m endroit, 1 augmentation, 62 m endroit, 1 augmentation, 1 m endroit et glissez la dernière m.
Rang 68. Glissez la 1re m, tricotez 1 m endroit, 1 augmentation, 64 m endroit, 1 augmentation, 1 m endroit et glissez la dernière m.
Rang 74. Glissez la 1re m, tricotez 1 m endroit, 1 augmentation, 66 m endroit, 1 augmentation, 1 m endroit et glissez la dernière m.
Rang 80. Glissez la 1re m, tricotez 1 m endroit, 1 augmentation, 68 m endroit, 1 augmentation, 1 m endroit et glissez la dernière m.
Rang 86. Glissez la 1re m, tricotez 1 m endroit, 1 augmentation, 70 m endroit, 1 augmentation, 1 m endroit et glissez la dernière m.
Rang 92. Glissez la 1re m, tricotez 1 m endroit, 1 augmentation, 72 m endroit, 1 augmentation, 1 m endroit et glissez la dernière m.
Rang 98. Glissez la 1re m, tricotez 1 m endroit, 1 augmentation, 74 m endroit, 1 augmentation, 1 m endroit et glissez la dernière m.
Rang 104. Glissez la 1re m, tricotez 1 m endroit, 1 augmentation, 76 m endroit, 1 augmentation, 1 m endroit et glissez la dernière m.

Tricotez en jersey rayé jusqu'à 47 cm de hauteur totale (132 rangs) et rabattez les mailles.

TAILLE L

Commencez à compter les rangs après les côtes. Les rangs non indiqués se tricotent normalement : rangs pairs à l'endroit et impairs à l'envers. Les rangs indiqués sont ceux des séries d'augmentations.

Faites les 14 séries de 1 augmentation de chaque côté tous les 6 rangs

Rang 1 après les côtes. Tricotez un rang envers.
Rang 2. Glissez la 1re m, tricotez 1 m endroit, 1 augmentation, 45 m endroit, 1 augmentation, 1 m endroit et glissez la dernière m.
Rang 8. Glissez la 1re m, tricotez 1 m endroit, 1 augmentation, 47 m endroit, 1 augmentation, 1 m endroit et glissez la dernière m.
Rang 14. Glissez la 1re m, tricotez 1 m endroit, 1 augmentation, 49 m endroit, 1 augmentation, 1 m endroit et glissez la dernière m.
Rang 20. Glissez la 1re m, tricotez 1 m endroit, 1 augmentation, 51 m endroit, 1 augmentation, 1 m endroit et glissez la dernière m.
Rang 26. Glissez la 1re m, tricotez 1 m endroit, 1 augmentation, 53 m endroit, 1 augmentation, 1 m endroit et glissez la dernière m.
Rang 32. Glissez la 1re m, tricotez 1 m endroit, 1 augmentation, 55 m endroit, 1 augmentation, 1 m endroit et glissez la dernière m.
Rang 38. Glissez la 1re m, tricotez 1 m endroit, 1 augmentation, 57 m endroit, 1 augmentation, 1 m endroit et glissez la dernière m.
Rang 44. Glissez la 1re m, tricotez 1 m endroit, 1 augmentation, 59 m endroit, 1 augmentation, 1 m endroit et glissez la dernière m.
Rang 50. Glissez la 1re m, tricotez 1 m endroit, 1 augmentation, 61 m endroit, 1 augmentation, 1 m endroit et glissez la dernière m.
Rang 56. Glissez la 1re m, tricotez 1 m endroit, 1 augmentation, 63 m endroit, 1 augmentation, 1 m endroit et glissez la dernière m.
Rang 62. Glissez la 1re m, tricotez 1 m endroit, 1 augmentation, 65 m endroit, 1 augmentation, 1 m endroit et glissez la dernière m.
Rang 68. Glissez la 1re m, tricotez 1 m endroit, 1 augmentation, 67 m endroit, 1 augmentation, 1 m endroit et glissez la dernière m.
Rang 74. Glissez la 1re m, tricotez 1 m endroit, 1 augmentation, 69 m endroit, 1 augmentation, 1 m endroit et glissez la dernière m.
Rang 80. Glissez la 1re m, tricotez 1 m endroit, 1 augmentation, 71 m endroit, 1 augmentation, 1 m endroit et glissez la dernière m.

Faites ensuite les 6 séries de 1 augmentation de chaque côté tous les 4 rangs

Rang 86. Glissez la 1re m, tricotez 1 m endroit, 1 augmentation, 73 m endroit, 1 augmentation, 1 m endroit et glissez la dernière m.
Rang 90. Glissez la 1re m, tricotez 1 m endroit, 1 augmentation, 75 m endroit, 1 augmentation, 1 m endroit et glissez la dernière m.
Rang 94. Glissez la 1re m, tricotez 1 m endroit, 1 augmentation, 77 m endroit, 1 augmentation, 1 m endroit et glissez la dernière m.
Rang 98. Glissez la 1re m, tricotez 1 m endroit, 1 augmentation, 79 m endroit, 1 augmentation, 1 m endroit et glissez la dernière m.
Rang 102. Glissez la 1re m, tricotez 1 m endroit, 1 augmentation, 81 m endroit, 1 augmentation, 1 m endroit et glissez la dernière m.
Rang 106. Glissez la 1re m, tricotez 1 m endroit, 1 augmentation, 72 m endroit, 1 augmentation, 1 m endroit et glissez la dernière m.

Tricotez en jersey rayé jusqu'à 47 cm de hauteur totale (132 rangs) et rabattez les mailles.

TAILLE XL

Commencez à compter les rangs après les côtes. Les rangs non indiqués se tricotent normalement : rangs pairs à l'endroit et impairs à l'envers. Les rangs indiqués sont ceux des séries d'augmentations.

Faites les 12 séries de 1 augmentation de chaque côté tous les 2 rangs

Rang 1 après les côtes. Tricotez un rang envers.
Rang 2. Glissez la 1re m, tricotez 1 m endroit, 1 augmentation, 47 m endroit, 1 augmentation, 1 m endroit et glissez la dernière m.
Rang 8. Glissez la 1re m, tricotez 1 m endroit, 1 augmentation, 49 m endroit, 1 augmentation, 1 m endroit et glissez la dernière m.
Rang 14. Glissez la 1re m, tricotez 1 m endroit, 1 augmentation, 51 m endroit, 1 augmentation, 1 m endroit et glissez la dernière m.
Rang 20. Glissez la 1re m, tricotez 1 m endroit, 1 augmentation, 53 m endroit, 1 augmentation, 1 m endroit et glissez la dernière m.
Rang 26. Glissez la 1re m, tricotez 1 m endroit, 1 augmentation, 55 m endroit, 1 augmentation, 1 m endroit et glissez la dernière m.
Rang 32. Glissez la 1re m, tricotez 1 m endroit, 1 augmentation, 57 m endroit, 1 augmentation, 1 m endroit et glissez la dernière m.
Rang 38. Glissez la 1re m, tricotez 1 m endroit, 1 augmentation, 59 m endroit, 1 augmentation, 1 m endroit et glissez la dernière m.
Rang 44. Glissez la 1re m, tricotez 1 m endroit, 1 augmentation, 61 m endroit, 1 augmentation, 1 m endroit et glissez la dernière m.
Rang 50. Glissez la 1re m, tricotez 1 m endroit, 1 augmentation, 63 m endroit, 1 augmentation, 1 m endroit et glissez la dernière m.
Rang 56. Glissez la 1re m, tricotez 1 m endroit, 1 augmentation, 65 m endroit, 1 augmentation, 1 m endroit et glissez la dernière m.
Rang 62. Glissez la 1re m, tricotez 1 m endroit, 1 augmentation, 67 m endroit, 1 augmentation, 1 m endroit et glissez la dernière m.
Rang 68. Glissez la 1re m, tricotez 1 m endroit, 1 augmentation, 69 m endroit, 1 augmentation, 1 m endroit et glissez la dernière m.

Continuez avec les 9 séries de 1 augmentation de chaque côté tous les 4 rangs

Rang 76. Glissez la 1re m, tricotez 1 m endroit, 1 augmentation, 71 m endroit, 1 augmentation, 1 m endroit et glissez la dernière m.
Rang 80. Glissez la 1re m, tricotez 1 m endroit, 1 augmentation, 73 m endroit, 1 augmentation, 1 m endroit et glissez la dernière m.
Rang 84. Glissez la 1re m, tricotez 1 m endroit, 1 augmentation, 75 m endroit, 1 augmentation, 1 m endroit et glissez la dernière m.
Rang 88. Glissez la 1re m, tricotez 1 m endroit, 1 augmentation, 77 m endroit, 1 augmentation, 1 m endroit et glissez la dernière m.
Rang 92. Glissez la 1re m, tricotez 1 m endroit, 1 augmentation, 79 m endroit, 1 augmentation, 1 m endroit et glissez la dernière m.
Rang 96. Glissez la 1re m, tricotez 1 m endroit, 1 augmentation, 81 m endroit, 1 augmentation, 1 m endroit et glissez la dernière m.
Rang 100. Glissez la 1re m, tricotez 1 m endroit, 1 augmentation, 83 m endroit, 1 augmentation, 1 m endroit et glissez la dernière m.
Rang 104. Glissez la 1re m, tricotez 1 m endroit, 1 augmentation, 85 m endroit, 1 augmentation, 1 m endroit et glissez la dernière m.
Rang 106. Glissez la 1re m, tricotez 1 m endroit, 1 augmentation, 87 m endroit, 1 augmentation, 1 m endroit et glissez la dernière m.

Tricotez en jersey rayé jusqu'à 47 cm de hauteur totale (132 rangs) et rabattez les mailles.

TAILLE XXL

Commencez à compter les rangs après les côtes. Les rangs non indiqués se tricotent normalement : rangs pairs à l'endroit et impairs à l'envers. Les rangs indiqués sont ceux des séries d'augmentations.

Faites les 10 séries de 1 augmentation de chaque côté tous les 6 rangs

Rang 1 après les côtes. Tricotez un rang envers.

Rang 2. Glissez la 1re m, tricotez 1 m endroit, 1 augmentation, 50 m endroit, 1 augmentation, 1 m endroit et glissez la dernière m.

Rang 8. Glissez la 1re m, tricotez 1 m endroit, 1 augmentation, 52 m endroit, 1 augmentation, 1 m endroit et glissez la dernière m.

Rang 14. Glissez la 1re m, tricotez 1 m endroit, 1 augmentation, 54 m endroit, 1 augmentation, 1 m endroit et glissez la dernière m.

Rang 20. Glissez la 1re m, tricotez 1 m endroit, 1 augmentation, 56 m endroit, 1 augmentation, 1 m endroit et glissez la dernière m.

Rang 26. Glissez la 1re m, tricotez 1 m endroit, 1 augmentation, 58 m endroit, 1 augmentation, 1 m endroit et glissez la dernière m.

Rang 32. Glissez la 1re m, tricotez 1 m endroit, 1 augmentation, 60 m endroit, 1 augmentation, 1 m endroit et glissez la dernière m.

Rang 38. Glissez la 1re m, tricotez 1 m endroit, 1 augmentation, 62 m endroit, 1 augmentation, 1 m endroit et glissez la dernière m.

Rang 44. Glissez la 1re m, tricotez 1 m endroit, 1 augmentation, 64 m endroit, 1 augmentation, 1 m endroit et glissez la dernière m.

Rang 50. Glissez la 1re m, tricotez 1 m endroit, 1 augmentation, 66 m endroit, 1 augmentation, 1 m endroit et glissez la dernière m.

Rang 56. Glissez la 1re m, tricotez 1 m endroit, 1 augmentation, 68 m endroit, 1 augmentation, 1 m endroit et glissez la dernière m.

Faites ensuite les 12 séries de 1 augmentation de chaque côté tous les 4 rangs

Rang 62. Glissez la 1re m, tricotez 1 m endroit, 1 augmentation, 70 m endroit, 1 augmentation, 1 m endroit et glissez la dernière m.

Rang 68. Glissez la 1re m, tricotez 1 m endroit, 1 augmentation, 72 m endroit, 1 augmentation, 1 m endroit et glissez la dernière m.

Rang 72. Glissez la 1re m, tricotez 1 m endroit, 1 augmentation, 74 m endroit, 1 augmentation, 1 m endroit et glissez la dernière m.

Rang 76. Glissez la 1re m, tricotez 1 m endroit, 1 augmentation, 76 m endroit, 1 augmentation, 1 m endroit et glissez la dernière m.

Rang 80. Glissez la 1re m, tricotez 1 m endroit, 1 augmentation, 78 m endroit, 1 augmentation, 1 m endroit et glissez la dernière m.

Rang 84. Glissez la 1re m, tricotez 1 m endroit, 1 augmentation, 80 m endroit, 1 augmentation, 1 m endroit et glissez la dernière m.

Rang 88. Glissez la 1re m, tricotez 1 m endroit, 1 augmentation, 82 m endroit, 1 augmentation, 1 m endroit et glissez la dernière m.

Rang 92. Glissez la 1re m, tricotez 1 m endroit, 1 augmentation, 84 m endroit, 1 augmentation, 1 m endroit et glissez la dernière m.

Rang 96. Glissez la 1re m, tricotez 1 m endroit, 1 augmentation, 86 m endroit, 1 augmentation, 1 m endroit et glissez la dernière m.

Rang 100. Glissez la 1re m, tricotez 1 m endroit, 1 augmentation, 88 m endroit, 1 augmentation, 1 m endroit et glissez la dernière m.

Rang 104. Glissez la 1re m, tricotez 1 m endroit, 1 augmentation, 90 m endroit, 1 augmentation, 1 m endroit et glissez la dernière m.

Rang 108. Glissez la 1re m, tricotez 1 m endroit, 1 augmentation, 92 m endroit, 1 augmentation, 1 m endroit et glissez la dernière m.

Tricotez en jersey rayé jusqu'à 47 cm de hauteur totale (132 rangs) et rabattez les mailles.

Savoir *et retenir*

LES AUGMENTATIONS RÉGULIÈRES SONT LA BÊTE NOIRE DES TÊTES-EN-L'AIR. LA MEILLEURE SOLUTION, C'EST DE TOUJOURS NOTER AU PRÉALABLE LES RANGS OÙ LES AUGMENTATIONS INTERVIENNENT ET DE SUIVRE SES NOTES.

À CHAQUE RANG, UN PETIT TRAIT ET VOUS ÊTRE ASSURÉ DE NE PAS PERDRE LE FIL !

Quelle longueur de manche ?

Vous pouvez facilement jouer sur la longueur de vos manches. Tricotez quelques rang supplémentaires pour les rallonger ; à l'inverse, arrêtez-vous à la fin des augmentations pour obtenir des manches 3/4. C'est un petit détail mais cela vous permet de personnaliser très facilement votre pull. Assurez-vous juste de faire les deux manches de la même longueur…

Vous venez de tricoter votre première manche.
REPRENEZ TOUT DE ZÉRO POUR RÉALISER LA SECONDE.

Si vous préférez voir les explications pour réaliser les manches, ce que je vous conseille, scannez ce QR CODE pour accéder à une vidéo qui vous explique tout.

8

ASSEMBLER *les épaules*

Avant d'attaquer la dernière pièce à tricoter, je vous propose de passer directement à l'assemblage des épaules. En assemblant le devant et le dos, **l'encolure complète prend forme** et ce sera alors beaucoup plus simple pour réaliser la dernière pièce : le col.

Ici, **le patron donne peu d'indications** sur la manière de faire car **les techniques sont toujours les mêmes**. On ne vous donnera une marche à suivre que s'il y a une technique particulière à utiliser, mais on a de la chance, ce n'est pas le cas ici !

Coudre des pièces en jersey ensemble n'est pas très compliqué. En gros, il faut créer la maille qui manque entre les deux pièces que l'on veut joindre et c'est en passant le fil à tricoter au bon endroit qu'on va y parvenir. Nous allons créer une maille endroit entre la maille endroit du devant et celle du dos.

1. Placez le devant et le dos du pull face à vous et faites en sorte que les épaules soient en vis-à-vis.
2. Le rang de mailles rabattues n'est pas à prendre en compte, il faut identifier le dernier vrai rang de jersey du devant et du dos. Repérez les chevrons près du bord.
3. Prenez une aiguillée de la couleur de la rayure, piquez l'aiguille sur l'envers du devant, faites-la ressortir entre les deux premiers chevrons en haut à droite et tirez sur le fil. Repassez le fil encore une fois de l'envers vers l'endroit entre les deux chevrons pour le bloquer.
4-6. Sur le dos, passez votre aiguille sous le premier chevron à droite. Puis passez-la sous le deuxième chevron du devant et tirez sur le fil. Continuez ainsi en alternant passage sur le dos et sur le devant.

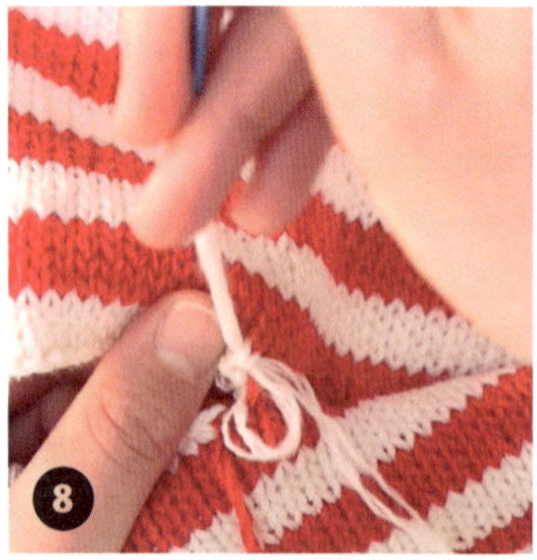

7-8. Vous avez ainsi créé de nouvelles mailles qui feront la liaison parfaite et quasi invisible entre le devant et le dos de votre pull. Vers le milieu de l'épaule, vous allez devoir changer de couleur de fil. Arrêtez simplement après une maille avec la première couleur et recommencez à la maille suivante avec la seconde couleur.

9-10. Continuez en alternant les passages du fil sous les chevrons de dos et du devant. Une fois l'épaule terminée, repassez une fois dans la dernière maille pour bloquer le fil de ce côté-là aussi et procédez au même travail pour la deuxième épaule.

Savoir *et retenir*

AVANT DE COMMENCER À COUDRE LES PIÈCES ENSEMBLE, VÉRIFIEZ BIEN QUE VOS DEUX MORCEAUX SONT POSÉS À L'ENDROIT, CÔTÉ V. SI UN CÔTÉ EST À L'ENVERS, CÔTÉ BOSSES, ET L'AUTRE À L'ENDROIT, VOUS DEVREZ TOUT DÉFAIRE ET RECOMMENCER. ALORS MIEUX VAUT PRENDRE LE TEMPS DE BIEN VÉRIFIER AVANT DE SE LANCER.

Couture invisible ?

Pour que votre couture soit la plus discrète possible, vous allez devoir changer de couleur de fil vers le milieu de l'épaule. Aucune inquiétude pour cela, arrêtez simplement après une maille avec la première couleur et recommencez à la maille suivante avec la seconde couleur. C'est aussi simple que cela !

Répétez toutes les étapes **DE L'ASSEMBLAGE** ***pour l'épaule gauche.***

Si vous préférez voir les explications pour assembler les épaules, ce que je vous conseille, scannez ce QR CODE pour accéder à une vidéo qui vous explique tout.

9

TRICOTER *le col*

Nous allons maintenant **créer le col**. La méthode préconisée ici est celle que vous retrouverez souvent dans les patrons. **Il est indiqué de d'abord tricoter le col puis de le coudre au corps.**

J'ai essayé de nombreuses fois et j'ai toujours eu des résultats **très décevants**. En demandant conseil à des tricoteuses expérimentées, je me suis aperçue qu'**elles avaient les mêmes soucis et procédaient toutes autrement**. C'est donc comme ça que nous allons faire aujourd'hui !

Si jusqu'à présent vous avez tricoté à plat, ici, vous allez devoir tricoter en rond. Vous aurez donc impérativement besoin d'aiguilles circulaires et de tricoter à l'aide du magic loop.

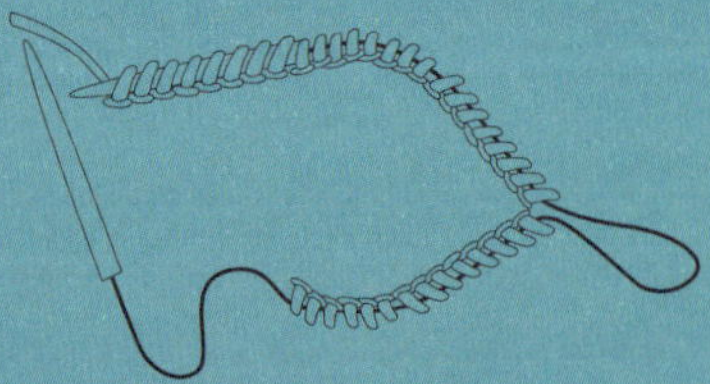

Vous allez tricoter moitié par moitié : une moitié que vous allez tricoter tout de suite sur l'aiguille gauche et l'autre sur le câble entre vos deux aiguilles. L'aiguille droite est ainsi libre pour venir tricoter. Une fois la première moitié des mailles tricotées, décalez vos deux aiguilles et faites glisser le câble pour vous retrouver dans la même position et tricotez la deuxième moitié des mailles.

1-2. Prenez vos aiguilles n° 3,5 et placez-vous au milieu du dos. Piquez votre aiguille juste en dessous d'un V de rabattage de maille.
3-4. Prenez le fil rouge, enroulez-le autour de l'aiguille et ressortez l'aiguille. Vous avez une maille rouge sur l'aiguille. Piquez l'aiguille en dessous du V suivant et procédez ainsi sur tout le tour de votre col.
5-6. Comptez le nombre de mailles que vous avez relevées. Vous devez en avoir un nombre pair et proche du nombre indiqué dans le patron (110 pour une taille S, 114 pour M, 118 pour L, 122 pour XL et 126 pour XXL). S'il vous manque deux mailles, pas de panique, ça ira quand même. Posez un anneau marqueur.

9 *Tricoter le col*

7-9. Après avoir tricoté sept rangs en côtes 2/2, nous allons rabattre les mailles sur l'endroit du travail. Tricotez les deux premières mailles à l'endroit puis glissez ces deux mailles sur l'aiguille gauche.
10. Tricotez-les ensemble à l'endroit mais par le brin arrière. Il ne vous reste plus qu'une maille sur l'aiguille droite.
11-12. Tricotez la maille suivante à l'envers en pensant bien à repasser le fil devant. Glissez les deux mailles qui sont à présent sur l'aiguille droite sur l'aiguille gauche et tricotez-les ensemble à l'envers.
13. Continuez ainsi sur tout le tour du col.

Savoir *et retenir*

POUR RABATTRE SOUPLEMENT LE COL, GARDEZ TOUJOURS CES DEUX RÈGLES EN TÊTE :

QUAND VOUS VENEZ DE TRICOTER UNE MAILLE ENDROIT, VOUS TRICOTEREZ LES DEUX MAILLES ENSEMBLE À L'ENDROIT PAR LE BRIN ARRIÈRE.

QUAND VOUS VENEZ DE TRICOTER UNE MAILLE ENVERS, VOUS TRICOTEREZ LES DEUX MAILLES ENSEMBLE À L'ENVERS.

Pourquoi ne pas rabattre normalement ?

Cette technique de rabattage du col est indispensable. Imaginez, après tous les efforts fournis, que vous ne puissiez pas passer la tête dans l'encolure... Ce serait vraiment dommage ! Ici, votre col reste souple. Pensez cependant à bien serrer les mailles pour un meilleur rendu. Vous pouvez même utiliser une taille d'aiguilles inférieure au besoin.

Bravo ! Vous avez tricoté
LE COL DE VOTRE PULL.
Il ne vous reste plus qu'une dernière petite couture !

Si vous préférez voir les explications pour relever les mailles et rabattre souplement le col, ce que je vous conseille, scannez ces QR CODES pour accéder à deux vidéos qui vous expliquent tout.

10

ASSEMBLER *le pull*

Il est maintenant temps de réunir les différentes pièces que nous avons en une seule. La technique la plus simple est de **commencer par placer les manches à plat et de les assembler au corps du pull**. Il ne vous restera plus alors qu'à faire **une longue couture du poignet de chaque manche manche au bas du pull** pour refermer les côtés.

Avant d'assembler, vous pouvez commencer à rentrer les fils inutiles. En effet, si vous placez votre pull sur l'envers, vous verrez qu'il y a maintenant une multitude de fils qui sortent un peu partout de votre pull. Cette étape est très facile mais ça peut prendre un peu de temps.

Enfilez le fil sur une aiguille à laine. Passez la pointe de l'aiguille au-dessus puis en dessous des vaguelettes du point sur quelques centimètres. Tirez souplement sur l'aiguillée et étirez un peu le tricot pour lui redonner de la souplesse. Coupez le fil au ras de l'ouvrage.

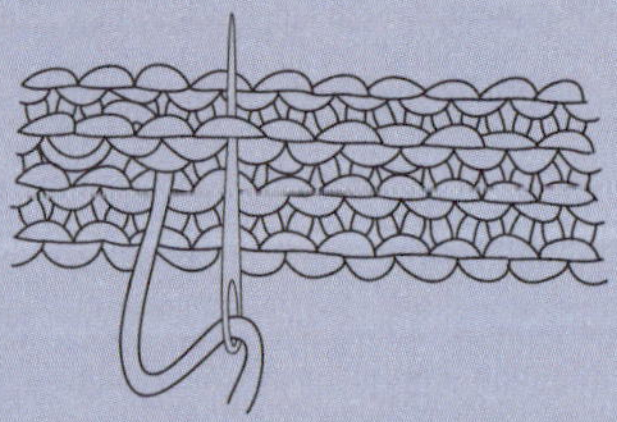

Si vous préférez voir les explications pour rentrer les fils, ce que je vous conseille, scannez ce QR CODE pour accéder à une vidéo qui vous explique tout.

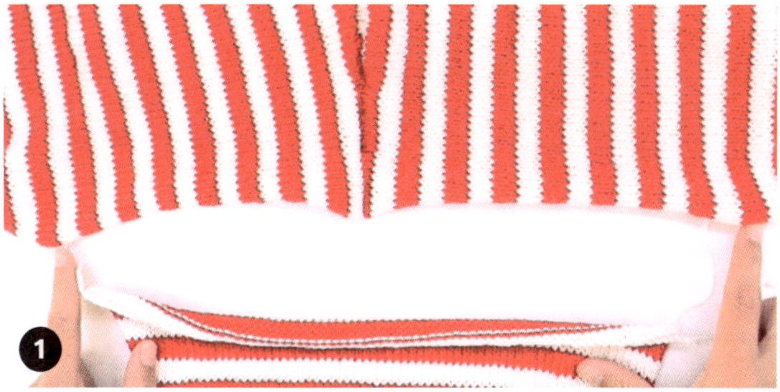

1-2. Posez le corps du pull à plat, endroit face à vous. Placez la première manche à la perpendiculaire du corps entre les deux marqueurs situés sur les bordures du pull.
3. Prenez une aiguille à laine et un fil dont la longueur fait deux à trois fois celle du haut de la manche. Passez votre aiguille sous la manche, faites-la ressortir sous le premier V des mailles rabattues tout à droite de la manche.
4. Prenez le corps du pull et passez l'aiguille sous deux fils perpendiculaires à la bordure qui se trouvent entre la première et la deuxième maille du bord.
5. Continuez ainsi en alternant une maille sur la manche et une maille sur le corps du pull.

6. Quand vous avez fait cela sur 3 cm, tirez doucement sur le fil pour tout resserrer.
7. Répétez les étapes 3 et 4 en pensant bien à resserrer le fil tous les 3 cm. Continuez jusqu'à la fin de l'emmanchure.
8. Si vous terminez avant ou après l'anneau marqueur, pas de panique. Pensez juste à décaler le marqueur de l'autre côté pour que les deux manches commencent et finissent au même endroit. Assemblez la seconde manche de la même manière.
9-10. Nous allons maintenant fermer les coutures sous les manches et sur les côtés.

11. Si vous avez de longs fils de début ou de fin de pelote, c'est le moment de les utiliser. Cela vous évitera de les couper pour les rentrer et d'utiliser un autre fil.
12. Avant d'assembler, vérifiez bien que chaque rayure tombe bien en face d'une autre pour éviter les décalages.
13. Comme précédemment, commencez par repérer la ligne de première maille
14. Repérez ensuite le petit fil perpendiculaire à la bordure qui se cache entre deux mailles. Ici nous n'en prendrons qu'un.

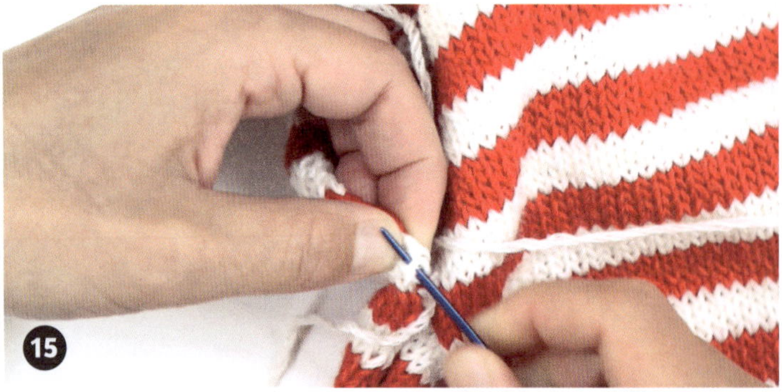

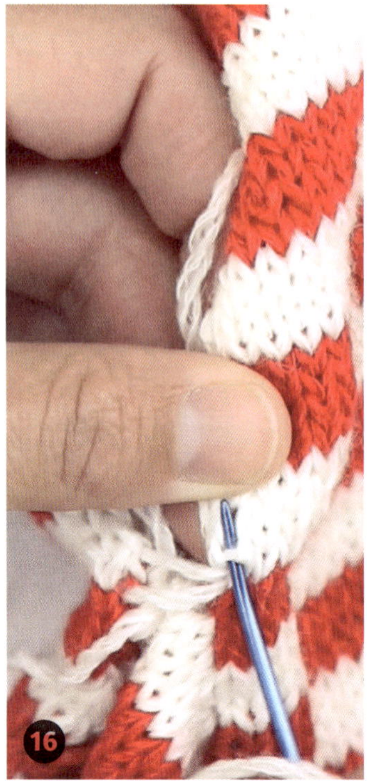

15. Passez votre aiguille sous ce fil d'un côté de la couture.
16. Sur l'autre partie du vêtement, repérez le même fil au même niveau et passer l'aiguille dessous.
17. Renouvelez ces deux étapes autant de fois que nécessaire pour finir votre couture. Si le fil est trop court, arrêtez-vous dix à quinze cm avant la fin et reprenez un nouveau fil.
18. Tirez sur le fil pour bien refermer la couture qui est quasi invisible !

Savoir *et retenir*

AVANT D'ASSEMBLER, N'HÉSITEZ PAS À ÉPINGLER LES PIÈCES. CELA VOUS PERMETTRA DE VOUS ASSURER QUE LES MORCEAUX SONT DANS LE BON SENS, QUE LES MAILLES SONT BIEN RÉPARTIES OU ENCORE QU'ELLES NE DÉPASSENT PAS TROP DES ANNEAUX MARQUEURS. AU BESOIN, VOUS POURREZ ALORS MIEUX AJUSTER AVANT DE PASSER À LA COUTURE DÉFINITIVE DE VOTRE PULL. C'EST CERTES UNE PETITE ÉTAPE EN PLUS, MAIS ELLE PEUT TOUT SIMPLEMENT VOUS ÉVITER DE TOUT DÉFAIRE EN CAS DE MAUVAISE SURPRISE...

Tout en douceur !

Lorsque vous assemblez, pensez bien à tirer doucement sur votre fil tous les 3-4 cm. Si vous ne le faites qu'après une longue distance, vous allez devoir tirer plus fort et votre fil pourrait bien se casser. Cela voudrait dire qu'il faudra malheureusement tout défaire pour tout recommencer. Épargnez-vous cela !

Bravo !

VOUS AVEZ RELEVÉ LE CHALLENGE

et tricoté votre tout premier pull !

Si vous préférez voir les explications pour assembler les manches et réaliser la couture des côtés, ce que je vous conseille, scannez ces QR CODES pour accéder à deux vidéos qui vous expliquent tout.

BERGERE
Coton Mercerisé

QUI *suis-je ?*

Je suis une touche-à-tout créative présente sur YouTube depuis 2009. Mes premières vidéos parlaient de maquillage puis, petit à petit, sont venus s'ajouter la coiffure (avec des tresses à toutes les sauces) et, depuis quelques années, le tricot et la couture (mais pas que !).

Passionnée par la transmission – j'enseigne l'anglais dans ma vie professionnelle –, je tiens à faire des tutos accessibles à tous, et leur pédagogie est souvent saluée dans les commentaires qui me sont laissés.

Ma passion pour le tricot est telle que j'ai créé la boutique Tricool en 2020, site sur lequel je compose et vends des kits pour les tricoteurs.euses qui ont envie d'un accompagnement, même virtuel.

Le livre que vous tenez entre les mains est donc une extension toute naturelle de cette activité. C'est aussi une façon supplémentaire d'aborder le grand public, afin que tout le monde se sente capable de se mettre au tricot, et également une manière didactique de faire découvrir la valeur et le travail dont nos vêtements sont emprunts.

Retrouvez ma boutique sur **www.tricool.fr** et suivez-moi sur

YouTube

www.youtube.com/user/MademoiselleBlush

marionblush **tricooletmoi**

REMERCIEMENTS

J'adresse un grand merci à Pascale, Lauriane et Emmanuelle de chez Marabout qui ont été de super interlocutrices et à Émilie pour son travail sur la maquette trop jolie...

BERGERE
DE FRANCE

Besoin d'un conseil de pro ? En panne au beau milieu d'un ouvrage ? Nos expertes prendront le temps de vous aiguiller.

Du lundi au vendredi, de 10h à 12h et de 14h à 17h :
- **En France, au 03 29 79 76 00**
- **En Belgique, au 056-34 06 82 (en français)**

Ou sur notre site Internet :
- **bergeredefrance.fr/question-tricot**
- **bergere-de-france.be/question-tricot**

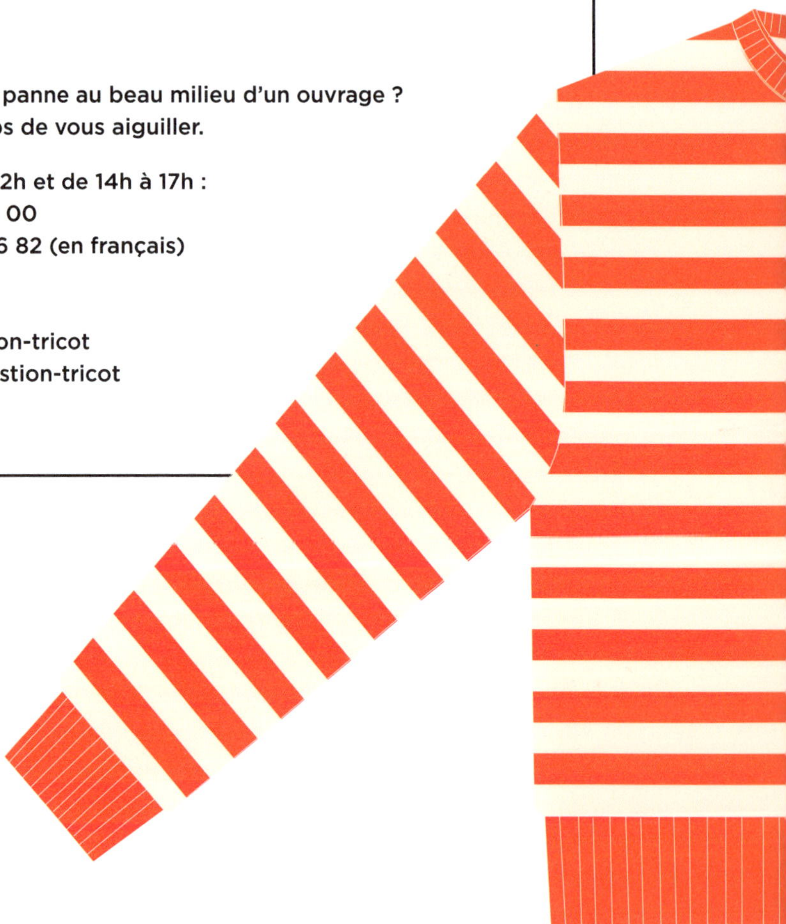

Édité par Hachette livre
(58, rue Jean-Bleuzen
92178 Vanves Cedex)
Dépôt légal : septembre 2021
ISBN : W
56-3945-8

Suivi éditorial et mise en pages : Amstramgram
Adaptation : Dominique Montembault
Photographie : Julie Robert
Imprimé en Espagne par Graficas Estella.